ESTE DEVOCIONAL PERTENCE A

_____

COLE UMA FOTO SUA AQUI

COLE UMA FOTO DA SUA FAMÍLIA AQUI

MINHA FAMÍLIA

NOMES DOS PAIS OU RESPONSÁVEIS:

_____

_____

FORMA DE CONTATO EM CASO DE PERDA:

_____

IGREJA: _____
COR PREFERIDA: _____
COMIDA PREFERIDA: _____
ESCREVA UMA CURIOSIDADE SOBRE VOCÊ:
_____
_____
_____
_____

vocional da Turma da Rua G5.2:

O FRUTO ESPECIAL

6 dias de histórias e atividades
nfantis sobre o fruto do Espírito

quatro ventos

Editora Quatro Ventos
Avenida Pirajussara, 5171
(11) 99232-4832

Diretor executivo: André Cerqueira
Editora-chefe: Sarah Lucchini
Gestora de Projetos: Acsa Q. Gomes
Produção das histórias: Turma da Rua G5.2

Supervisão Editorial:
Mara Eduarda Garro
Marcella Passos
Natália Ramos Martim

Equipe Editorial:
Ana Paula Gomes Cardim
Anna Padilha
Brenda Vieira
Gabriella Cordeiro de Moraes
Giovana Mattoso
Hanna Pedroza
Hudson M. P. Brasileiro
Lucas Benedito
Lucas Paulo Maffessoni
Milena Castro
Nadyne Campinas
Rafaela Beatriz Santos

Revisão: Eliane Viza B. Barreto

Equipe de Projetos:
Ana Paula Dias Matias
Débora Leandro Bezerra
Nathalia Bastos de Almeida
Priscilla Domingues

Coordenação do projeto gráfico: Ariela Lira
Diagramação: Suzy Mendes
Ilustração Turma da Rua G5.2: Leandro Casco
Ilustrações adesivos e jogo: Rebeca R. C. Gobor
Capa: Vinícius Lira

Todos os direitos deste livro são reservados pela Editora Quatro Ventos.

Proibida a reprodução por quaisquer meios, salvo em breves citações, com indicação da fonte.

Todas as citações bíblicas e de terceiros foram adaptadas segundo o Acordo Ortográfico da Língua Portuguesa, assinado em 1990, em vigor desde janeiro de 2009.

Todo o conteúdo aqui publicado é de inteira responsabilidade dos autores.

Todas as citações bíblicas foram extraídas da Nova Almeida Atualizada, salvo indicação em contrário.

Citações extraídas do site https://www.bibliaonline.com.br/naa. Acesso em maio de 2022.

1ª Edição: junho de 2022

Catalogação na publicação
Elaborada por Bibliotecária Janaina Ramos – CRB-8/9166

H413
Turma da Rua G5.2

Devocional da Turma da Rua G5.2: o fruto especial / Turma da Rua G5.2; Leandro Casco (Ilustrador). – São Paulo: Quatro Ventos, 2022.

208 p., il.; 16 X 23 cm

ISBN 978-65-89806-42-4

1. Cristianismo. 2. Devocional. 3. Espírito Santo. 4. Crianças. I. Turma da Rua G5.2. II. Casco, Leandro (Ilustrador). IV. Título.

CDD 230

Índice para catálogo sistemático
I. Cristianismo

SUMÁRIO

APRESENTAÇÃO DOS PERSONAGENS   7

AOS PAIS OU RESPONSÁVEIS   11

ÀS CRIANÇAS   13

O FRUTO ESPECIAL: AMOR

O QUE É O AMOR?   17

CARACTERÍSTICAS DO AMOR VERDADEIRO   21

OS DOIS MAIORES MANDAMENTOS   25

SEM AMOR, NADA TEM VALOR   29

MÃOS À OBRA: ATIVIDADES COM A TURMA   33

O FRUTO ESPECIAL: ALEGRIA

UMA ALEGRIA QUE NÃO TEM FIM   37

SEMPRE ALEGRES   41

A ALEGRIA QUE FORTALECE   45

A VERDADEIRA ALEGRIA   49

MÃOS À OBRA: ATIVIDADES COM A TURMA   53

O FRUTO ESPECIAL: PAZ

UM PRESENTE   57

BUSCANDO A PAZ COM PERSEVERANÇA   61

PACIFICADORES   65

ALÉM DE TODO ENTENDIMENTO   69

MÃOS À OBRA: ATIVIDADES COM A TURMA   73

O FRUTO ESPECIAL: PACIÊNCIA

PACIÊNCIA EM QUALQUER SITUAÇÃO   77

ENSINANDO PACIENTEMENTE   81

SENDO PACIENTE AO ENFRENTAR DESAFIOS   85

COMO DEMONSTRAR PACIÊNCIA   89

MÃOS À OBRA: ATIVIDADES COM A TURMA   93

O FRUTO ESPECIAL: BENIGNIDADE

SENDO BENIGNO	97
BOM E GENEROSO	101
FAZENDO O BEM, NÃO IMPORTA A QUEM	105
O MAIOR EXEMPLO DE BENIGNIDADE	109
MÃOS À OBRA: ATIVIDADES COM A TURMA	113

O FRUTO ESPECIAL: BONDADE

A BONDADE DE DEUS DURA GERAÇÕES	117
BONDADE EM AÇÃO	121
A ESSÊNCIA DA BONDADE	125
BUSCANDO A BONDADE DO SENHOR	129
MÃOS À OBRA: ATIVIDADES COM A TURMA	133

O FRUTO ESPECIAL: FIDELIDADE

POR QUE É IMPORTANTE SER FIEL?	137
SENDO FIEL À PALAVRA	141
A RECOMPENSA DA FIDELIDADE	145
DEUS É FIEL	149
MÃOS À OBRA: ATIVIDADES COM A TURMA	153

O FRUTO ESPECIAL: MANSIDÃO

MANSO E HUMILDE COMO JESUS	157
BEM-AVENTURADO AQUELE QUE É MANSO	161
RESPONDENDO COM MANSIDÃO	165
O MANSO AOS OLHOS DO PAI	169
MÃOS À OBRA: ATIVIDADES COM A TURMA	173

O FRUTO ESPECIAL: DOMÍNIO PRÓPRIO

FUGINDO DAS TENTAÇÕES	177
CONTROLANDO OS IMPULSOS	181
DESFRUTANDO DO DOMÍNIO PRÓPRIO	185
DOMINANDO NOSSO CORPO	189
MÃOS À OBRA: ATIVIDADES COM A TURMA	193

ILUSTRAÇÃO PARA COLORIR	197
ORAÇÃO	199
INSTRUÇÕES PARA O JOGO	201
CERTIFICADO DE CONCLUSÃO	205

APRESENTAÇÃO DOS PERSONAGENS

TATÁ

Tanilda Maria, ou Tatá, é uma menina superextrovertida, espontânea e sincera. Dona de um coração gigante, está sempre pronta para ajudar todos. Seus pais são conhecidos pela turma como tia Ju e tio Rafael. Ela também tem um irmão mais velho, Teco-Teco, e dois mais novos: Zezé e Teté, a caçula.

BISNAGUINHA

O nome dele é Gustavo Rodrigues, mas, desde que nasceu, todos o chamam de Bisnaguinha, pois ele é filho de padeiro; e, em sua família, todo mundo ama um pãozinho! Ele tem sempre algo gostoso para comer e dividir com seus amigos. Além disso, é o defensor das crianças que sofrem *bullying*.

BIBI

Bibi é apaixonada pela Palavra de Deus, tanto que algumas pessoas a chamam de "a Bíblia que anda e fala". Ela sempre tem um ensinamento bíblico para compartilhar e, como é uma menina doce e delicada, faz isso com muito amor. Seus pais, tia Rosana e seu esposo, nasceram no Japão, mas vieram para o Brasil porque queriam que os filhos crescessem aqui.

CAROL

Carol é uma menina muito generosa e amável; ama usar belos vestidos e laços de cabelo. Ela está aprendendo a ser cristã, já que sua família é recém-convertida. Às vezes, ela apronta, mas tem um coração ensinável e, com a ajuda de Bibi, está crescendo espiritualmente.

LELECO

Leonardo, conhecido como Leleco, é um menino bem divertido e alegre. Gosta sempre de fazer alguma gracinha, para que todos possam rir juntos. Para ele, não tem tempo ruim, afinal está sempre animado, pronto para brincar e viver as maiores aventuras com os seus amigos.

DUDA

Corajosa e um pouquinho atrapalhada, Maria Eduarda de Azevedo Moura é uma daquelas pessoas que cai, mas sempre se levanta! Enfrenta todos os seus medos e encoraja os amigos a fazerem o mesmo. É filha de pais missionários e acabou de voltar de uma temporada na África, cheia de aprendizados para dividir com toda a turma!

ZEZÉ

José Roberto, ou Zezé, é um menino brincalhão e ama futebol! É aventureiro, gosta de tentar coisas novas e tem um coração de ouro, sempre muito bem-intencionado.

AMÁLIA

Amália Rodrigues, irmã de Bisnaguinha, não gosta de ser chamada de criança, mesmo sendo uma. Ela ama se cuidar e está sempre elegante. Além disso, tem um coração ensinável, pois aprende bastante com seus amigos da turma.

TUCA

Sendo a mais nova do grupo, Tuca é cheia de energia e ama esportes. Por causa da sua idade, nem sempre entende ao certo o que os seus amigos estão dizendo, mas tem muita curiosidade e, por isso, possui uma incrível disposição para descobrir coisas novas.

TIA JU

Jurema, a queridíssima tia Ju, é a mãe do Teco-Teco, da Tatá, do Zezé e da Teté. É generosa, muito divertida e está sempre linda e arrumada! Por mais que perca a paciência algumas vezes, ama levar a turminha para passear. Com eles, ela se diverte, aprende e ensina o tempo todo.

TIO ALÊ

Alexandre de Azevedo Moura é o pai da Duda e um exemplo de homem que vive segundo a vontade de Deus. Ele é missionário, ama criar coisas e sempre ajuda as crianças a agirem como Jesus, ensinando-as em amor para que percebam quem são, conforme a verdadeira identidade que receberam de Deus Pai.

AOS PAIS OU RESPONSÁVEIS

Manter uma vida diária de relacionamento com Deus é a chave para uma caminhada cristã saudável e consistente. É dessa maneira também que aprofundamos o nosso conhecimento sobre a Trindade e recebemos os nutrientes necessários para crescer segundo os propósitos divinos. Para que nossos filhos se tornem adultos espiritualmente saudáveis, precisamos ensiná-los, desde crianças, nos caminhos do Senhor. Sendo assim, é fundamental instruí-los, ainda cedo, sobre a importância do devocional em seu dia a dia, a fim de que as disciplinas espirituais sejam parte de sua rotina. Assim, os pequenos poderão desenvolver profundidade em Deus, preservando essa constância na adolescência e até na vida adulta.

O *Devocional da Turma da Rua G5.2: o fruto especial* procura trazer valores e princípios do Reino, a fim de edificar crianças de 7 a 11 anos, desafiando essa geração a viver e compartilhar o Evangelho de forma divertida e consistente. Em outras palavras, este livro tem como objetivo não apenas ensinar sobre o fruto do Espírito, mas levar cada pequeno a experimentá-lo diariamente.

Este volume conta com 36 dias, divididos em 9 blocos, e possibilita que as crianças façam o devocional sem grande intervenção dos pais. Além disso, em cada dia, há uma história diferente da Turma da Rua G5.2, um devocional e perguntas sobre o que foi abordado. Ao final de cada bloco, também existem algumas atividades para colocar em prática o que foi ensinado.

É primordial que as crianças tenham o seu tempo com Deus de forma independente para que sua experiência seja pessoal. Portanto, fica a cargo dos pais participar de forma moderada, incentivando e valorizando o momento de devocional da criança, e talvez conversando sobre a leitura num momento de refeição ou antes de dormir. O essencial é que ela perceba que essa não é só mais uma tarefa em sua rotina, e sim a mais importante. Cada dia de aprendizado inspirará meninos e meninas a se posicionarem para transformar sua família, escola, e demais áreas em que eles estiverem inseridos.

Vale pontuar que a intervenção mais direta dos adultos deve acontecer, especificamente, durante uma parte em especial: as seções de desafios, que estão presentes ao fim de cada um dos nove blocos. Sempre que as tarefas forem concluídas, o responsável precisará distribuir os adesivos correspondentes a cada desafio cumprido, parabenizando a criança por completar o que foi proposto.

Nas últimas páginas deste exemplar, encontra-se um certificado referente à realização dos 36 dias de devocional. É muito importante que ele seja preenchido e entregue à criança, como uma condecoração por sua fidelidade e dedicação. O certificado conta com um espaço para a assinatura dos responsáveis e do pastor de sua igreja local. Por isso, ao término desta jornada, peça ao pastor de sua igreja que assine e participe, também, desse momento. É crucial que o esforço e a consistência da criança sejam vistos e valorizados!

Por fim, que os próximos dias sejam cheios da ação do Espírito Santo em sua casa e na vida de seu filho. Assim, a cada dia, ele se tornará alguém que transformará sua geração, cultivando e manifestando o fruto do Espírito.

ÀS CRIANÇAS

OLÁ, AMIGUINHO(A)!

Com este livro em mãos, você tem uma ferramenta que irá ajudá-lo a se aproximar de Deus Pai, de Jesus e do Espírito Santo. Esta página tem tudo o que precisa saber para colocar este devocional em prática. Se ainda restar alguma dúvida depois da leitura, saiba que pode contar também com a ajuda de seus pais ou responsáveis.

Vamos começar?!

Em cada dia, haverá uma história, um devocional para ler durante o seu tempo com Jesus e três perguntas para responder. Você também terá espaços para criar desenhos bem bonitos e fazer anotações, além de desafios superlegais para cumprir. Tudo isso o ajudará a entender e praticar o que você vai aprender sobre o fruto do Espírito. Não se esqueça de assistir também aos episódios da Turma da Rua G5.2 no YouTube para descobrir ainda mais sobre esse fruto especial!

Atenção: no final deste livro, há instruções sobre como validar suas conquistas durante esta jornada. Ainda nas primeiras páginas deste material, é possível encontrar adesivos que deverão ser colados nas páginas 202 e 203, até finalizar a trilha. Ao terminar tudo, você receberá um certificado de conclusão do devocional!

Acreditamos que, depois de realizar cada atividade, você estará muito mais sábio, e poderá crescer em graça e estatura diante de Deus e dos homens (cf. Lucas 2.52)[1] Lembre-se de pôr em prática tudo aquilo que o Espírito Santo falar ao seu coração, e esteja pronto para amar e servir às pessoas que o cercam!

Desejamos que Deus continue abençoando você e sua família.

TURMA DA RUA G5.2

[1] Todas as vezes em que encontrar a abreviatura **cf.**, que significa **conferir**, você deverá abrir sua Bíblia na passagem indicada entre parênteses para ler os versículos citados.

O FRUTO ESPECIAL: AMOR

O QUE É O AMOR?

DIA 1

Certo dia, Leleco estava andando pela rua todo confuso. Olhava para as nuvens quando esbarrou em Bisnaguinha, que comia um belo sanduíche.

— Ei, olhe por onde anda! — exclamou Bisnaguinha.

— Bisnaguinha, meu camarada! Que bom encontrar você!

— É, pode até ser bom, mas preste mais atenção! Você quase derrubou meu lanche todinho no chão, e esse é o que eu mais amo!

— E o que você mais ama? Era sobre isso mesmo que eu estava pensando!

Bisnaguinha, confuso, perguntou:

— Como assim? Você estava pensando no meu lanche? Não entendi nada! Explique direito, Leleco!

— Não, é que eu estava pensando no amor...

Leleco mal terminou de falar, quando Bisnaguinha o interrompeu:

— Você está pensando no amor? Está apaixonado, Leleco? Sabe que ainda não estamos na idade certa para namorar, *né*?

— O que é isso, Bisnaguinha?! Criança não namora, eu sei!

— *Ufa*! Já achei que ia precisar falar com a sua mãe! — disse Bisnaguinha, aliviado.

— Na verdade, eu estava pensando: o que é o amor?

— Como assim?

— Hoje, no meu devocional, li 1 João 4.8, e lá está escrito que Deus é amor. Se é assim, como você pode dizer que ama um lanche? Ou como eu poderia dizer que amo meus brinquedos, meu cabelo e outras coisas?

— Calma! O amor é algo único, mas também é plural. O amor é o Verbo!

— Plural? Verbo? Isso tudo a professora de português nos ensinou na escola! Eu já não estou entendendo; agora você está misturando português com o amor?

O FRUTO ESPECIAL: AMOR

— Leleco, respire! Eu não estou misturando coisa alguma! Deixe-me explicar: o amor é Verbo porque é uma ação. Deus agiu em amor por nós, descendo do trono e tornando-Se carne para nos salvar (cf. João 1.1-14). Por outro lado, o amor também é plural, porque existem vários tipos: o amor de amigos, o amor entre irmãos, aquele que é romântico e o que é incondicional, que é o de Deus. Ele é amor e nos amou primeiro (cf. 1 João 4.19), antes de qualquer outra pessoa e antes que nós pudéssemos amá-lO. Jesus nos amou tanto, que deu Sua vida por nós. O Espírito Santo também é amor, pois Ele nos aconselha, consola e direciona, e está sempre ao nosso lado!

— *Ah*! Tudo está começando a fazer sentido. Por isso o amor é imensurável!

— O quê?

— Imensurável! Aprendi essa palavra há alguns dias. Nesse contexto, ela quer dizer que o amor não se pode medir! E, se Deus é amor, então tudo está explicado: não podemos medi-lO, ou sequer compreendê-lO por completo; não cabe na nossa cabeça!

— Leleco, você falou de um jeito difícil, mas falou algo muito bonito! É isso mesmo! Às vezes, usamos as palavras erradas para expressar o que pensamos. Eu disse que amo o meu lanche, mas o que quis dizer é que gosto muito dele. Entendi que, na verdade, o amor é algo profundo, muito maior do que o que sinto quando estou comendo um lanche, por exemplo. Lembrei até de uma coisa que minha mãe sempre diz: amor é mais do que um sentimento; é uma decisão, e nem sempre será fácil escolher amar!

— É verdade, Bisnaga! Agora, eu preciso correr para casa e ler a minha Bíblia, porque quero conhecer mais a Deus e Seu amor. Podemos conversar mais depois!

— Tudo bem, mas tenha cuidado para voltar; olhe por onde anda!

A BÍBLIA DIZ

DEVOCIONAL

Quem não ama não conhece a Deus, pois Deus é amor. (1 João 4.8)

Você sabe o que é o amor? Amor é uma Pessoa! Sendo assim, a pergunta certa seria: "quem é o Amor?". E a resposta encontramos em Deus, pois Ele é amor. Deus é grande, infinito e plural, e, por isso, o amor também é assim. Afinal, podemos amar o Senhor, o próximo, os nossos familiares e amigos, e aqueles que nem conhecemos. Para entendermos melhor, existem quatro palavras gregas que explicam esses tipos de amor: há o *Eros*, que é o amor romântico, entre um homem e uma mulher; *Philos*, o amor fraternal, entre amigos; *Storge*, o amor de família; e o *Ágape*, o amor de Deus por nós, que é perfeito e incondicional![1]

Há diversos tipos de amor e muitas formas de expressá-lo, mas o importante é que ele esteja presente em todas as áreas da vida de quem acredita em Deus, afinal Ele é amor (cf. 1 João 4.7-8). Sendo assim, para amarmos de verdade, precisamos permitir que Ele entre em nossos corações. Quando dizemos "sim" para Jesus como nosso único Senhor e Salvador, o Espírito Santo, que também é Deus, passa a morar em nós. Assim, Ele começa a nos encher com Seus pensamentos e, principalmente, com Seu amor. Ou seja, quanto mais cheios do Espírito Santo estivermos, melhor saberemos amar.

Esse aprendizado é fundamental, pois amar nem sempre será uma tarefa fácil, certo? Um exemplo disso é quando alguém nos machuca. Por esse motivo, o amor não pode ser um sentimento, precisa ser uma decisão, conforme Deus nos instrui em Sua Palavra (cf. Mateus 22.37-39). Ele nos capacita a agir em amor por meio de Seu Espírito Santo. Que privilégio é aprendermos a amar com Aquele que nos amou primeiro (cf. 1 João 4.19) e que é o próprio Amor!

[1] LEWIS, C. S. **Os quatro amores**. Tradução de Estevan Kirschner. 1. ed. Rio de Janeiro: Thomas Nelson Brasil, 2017. p. 51, 83, 84, 125.

PERGUNTAS

1. Qual trecho desse devocional mais chamou a sua atenção? Copie-o aqui.

2. Como você pode aplicar esse aprendizado no seu dia a dia?

3. Você já falou com Deus hoje? Após essa leitura, escreva aqui uma oração, conforme o Espírito Santo o direcionar.

O FRUTO ESPECIAL: AMOR

DIA 2

CARACTERÍSTICAS DO AMOR VERDADEIRO

Numa bela tarde de sol, Duda foi para a oficina de seu pai (conhecido pela turma como "tio Alê"), que estava muito animado trabalhando em um novo projeto missionário. Com a ajuda de Duda, confeccionava brinquedos de madeira para enviar às crianças amparadas por uma ONG, que ele mesmo tinha servido no tempo em que passou na África. Duda estava colando as peças de um carrinho quando disse:

— Pai, esta cola demora demais para secar! A Tatá me chamou para ir à casa dela logo depois do almoço, só que já se passaram três horas desde que almocei. Eu amo ajudar você, mas queria brincar.

Após ouvir sua filha, tio Alê explicou pacientemente:

— Filha, nós temos um prazo para enviar todos estes brinquedos à ONG. É importante terminarmos na data planejada. Muitas crianças ficarão felizes e se sentirão amadas com isso! Eu sei que você marcou de brincar com a Tatá, só que, antes disso, já tínhamos um combinado sobre este projeto, lembra?

— Eu lembro, pai. Mas é que toda a turma está na casa da Tatá. Se eu demorar, eles podem se divertir, contar novidades, ou fazer tantas outras coisas legais, e não estarei lá para aproveitar.

— Filha, você me fez lembrar de algo bem importante: o dom supremo!

— Dom supremo? O que é isso?

— O dom supremo é o motivo que nos faz trabalhar em um projeto como este. Se não estivéssemos cheios desse dom, nada do que fazemos agora teria sentido. Seja a construção destes brinquedos, a sua ajuda nesta tarefa ou, até mesmo, o fato de você abrir mão do tempo com seus amigos. Sem o dom supremo, tudo isso seria em vão.

O FRUTO ESPECIAL: AMOR

— Como assim, pai? Poderia me explicar melhor? — perguntou Duda, pensativa.

— Claro, filhinha! Em 1 Coríntios 13.1-8, o apóstolo Paulo nos ensina sobre o dom supremo, que é o amor verdadeiro. Ele disse que, mesmo se praticarmos o bem, isso será inútil se não for feito com amor e compaixão. Paulo ainda nos revela quais são as características do amor: ele é paciente, bondoso, não arde em ciúmes, não busca os seus próprios interesses, não se irrita, nem se ressente do mal, não se alegra com a injustiça, e sim com a verdade, tudo sofre, tudo crê, tudo espera, tudo suporta e jamais acaba. Quero lembrá-la, nesse caso em especial, de que o amor tudo espera!

— Entendi, pai. E sinto muito! Comecei a pensar somente em mim, me esquecendo do propósito principal deste projeto, que é expressar amor pelas crianças que receberão estes brinquedos. Afinal, eu amo a Deus e o que Ele pode fazer por meio da nossa família. Amo você e sei que ajudá-lo nesta tarefa é uma maneira de declarar isso. Sem contar que muitas crianças poderão conhecer o amor do Pai, assim como nós conhecemos! Eu amo os meus amigos, e sei que eles me amam também. Por isso, não preciso me preocupar, ficar com ciúmes, ou impaciente, esperando que esta tarefa acabe logo para que eu brinque com eles! Pelo contrário, posso aproveitar este tempo com você.

— Muito bem, filha! É isso mesmo! Eu sei que você ama estar com seus amigos, mas tudo tem o tempo certo, e logo terminaremos de confeccionar os brinquedos. Enquanto estivermos aqui, faremos tudo com amor, e fico muito feliz que você tenha entendido um pouco mais sobre isso, Duda! Eu amo você!

— Eu também amo você, pai! Obrigada por me lembrar da minha verdadeira motivação para ajudar nesse projeto e por me ensinar sobre o amor verdadeiro! Não vejo a hora de compartilhar isso com a turma.

Duda e seu pai continuaram aproveitando o dia de sol ali mesmo, na oficina, criando muitos brinquedos, cada um com muito amor.

A BÍBLIA DIZ

DEVOCIONAL

O amor é paciente e bondoso. O amor não arde em ciúmes, não se envaidece, não é orgulhoso, não se conduz de forma inconveniente, não busca os seus interesses, não se irrita, não se ressente do mal. O amor não se alegra com a injustiça, mas se alegra com a verdade. O amor tudo sofre, tudo crê, tudo espera, tudo suporta. O amor jamais acaba. Havendo profecias, desaparecerão; havendo línguas, cessarão; havendo ciência, passará. (1 Coríntios 13.4-8)

Aprendemos, com a Palavra de Deus, que o verdadeiro amor é um dom supremo, que deve guiar todas as nossas atitudes. Muitas vezes, falhamos em amar, acabamos cedendo às nossas próprias vontades, e logo nos encontramos pensando apenas em nós mesmos. Por mais que façamos boas ações, a Bíblia nos ensina que, sem o amor, ou seja, sem a natureza de Deus moldando nossas intenções em todos os momentos, nada disso valerá (cf. 1 Coríntios 13.1-3).

Para que esse verdadeiro amor habite em nossos corações, precisamos nos lembrar de que Deus é amor (cf. 1 João 4.8) e, por isso, Ele é o Único que pode nos ensinar a exercer esse dom em tudo o que fizermos. Deus não arde em ciúmes, não é vaidoso, não Se orgulha e não Se alegra com a injustiça; Ele é paciente, bondoso e carrega em Si todas as outras qualidades do amor. Ao aprendermos que tudo isso diz respeito ao Senhor e que, por meio de Cristo Jesus, somos participantes da natureza divina (cf. 2 Pedro 1.4), temos certeza de que, uma vez que o Espírito Santo habita em nós, transbordaremos amor aqui na Terra.

Portanto, para amarmos de verdade, precisamos conhecer o Amor e nos encher d'Ele. Assim, expressaremos cada uma das Suas características. Ou seja, em todas as situações e por onde quer que andemos, o verdadeiro Amor estará presente.

PERGUNTAS

1 Qual trecho desse devocional mais chamou a sua atenção? Copie-o aqui.

....
....
....
....
....

2 Como você pode aplicar esse aprendizado no seu dia a dia?

....
....
....
....
....

3 Você já falou com Deus hoje? Após essa leitura, escreva aqui uma oração, conforme o Espírito Santo o direcionar.

....
....
....
....
....

O FRUTO ESPECIAL: AMOR

DIA 3

OS DOIS MAIORES MANDAMENTOS

Depois de tomar um sorvete delicioso, toda a turma estava reunida no parque, decidindo qual seria a próxima brincadeira.

— E se nós brincássemos de pega-pega? — gritou Duda, depois de muita discussão.

— *Ah*, não! Eu quero jogar futebol! — disse Zezé.

— Garoto, você jogou futebol a semana toda! — retrucou Tatá.

— Já sei! — exclamou Tuca — Podemos brincar de "seu mestre mandou".

— Boa ideia, Tuca, eu gostei! — afirmou Duda.

Como já estavam discutindo há um tempo, todos acabaram concordando com a Tuca, e logo começaram a organizar a brincadeira.

— Em primeiro lugar, precisamos decidir quem será o mestre — disse Tatá.

— Eu tenho papéis para fazer um sorteio! — sugeriu Bibi, revirando sua bolsinha.

— Ela sempre tem, *né*? — Leleco cochichou para Bisnaguinha, que concordou com ele.

Bibi terminou de escrever os nomes de todos os membros da turma e começou o sorteio.

— Carol, escolha um papel para descobrirmos quem começa o jogo. Mas sem espiar! — disse Bibi.

Carol pegou um papel das mãos de Bibi e gritou:

— Tuca!

— *Oba*, eu vou começar, então! — Tuca respondeu animada.

A turma toda se organizou e iniciou a brincadeira:

— Seu mestre mandou: ir até a cozinha e trazer um copo cheio de água, sem derramar uma gota.

O FRUTO ESPECIAL: AMOR

A turma correu para obedecer a Tuca, e assim seguiram por algumas rodadas. Após muitas risadas e diversão, resolveram dar uma pausa para descansar.

— Pessoal, essa brincadeira me fez lembrar do que a Palavra diz em Marcos 12.30-31 — disse Bibi.

— Bibi, o que está escrito nesses versículos? Eram aqueles que falavam sobre pães e peixes? Ou será que eu pensei nisso só porque estou com fome? — falou Bisnaguinha.

Todos caíram na gargalhada, e Bibi voltou a falar:

— Não, Bisnaguinha! Esses versículos falam sobre os maiores mandamentos que Jesus deixou para nós. E adivinha quem Ele foi?! O Mestre dos mestres. Pensei nisso porque estávamos brincando de "seu mestre mandou".

— *Nossa*, Bibi, é verdade! É como se Jesus nos dissesse: "seu mestre mandou: amar a Deus de todo o coração, de toda a sua alma e entendimento, e de toda sua força" — falou Duda.

— Isso mesmo, Duda! Aliás, o Mestre também mandou: "amarmos o próximo como a nós mesmos" — completou Bibi.

— Falando assim, como se fosse uma brincadeira, até parece fácil. Mas precisamos nos lembrar desses mandamentos a todo o momento — disse Amália.

— Muito bem! Se podemos fazer o que um amigo nosso está mandando numa brincadeira, devemos saber que muito mais importante que isso é obedecer ao Mestre dos mestres todos os dias — disse Leleco, empolgado.

— Digo o mesmo, Leleco! Se o Mestre Jesus mandou amar a Deus acima de todas as coisas, e ao próximo como a nós mesmos, eu vou obedecê-lo — respondeu Zezé.

A BÍBLIA DIZ

DEVOCIONAL

Ame o Senhor, seu Deus, de todo o seu coração, de toda a sua alma, de todo o seu entendimento e com toda a sua força. O segundo é: Ame o seu próximo como você ama a si mesmo. Não há outro mandamento maior do que estes. (Marcos 12.30-31)

Como já aprendemos, Deus não expressa Seu amor apenas por palavras, mas também por meio de ações. E quais são as atitudes que Ele espera de nós? A resposta está nos dois maiores mandamentos deixados por Jesus: amar a Deus de todo o coração, de toda a alma, de todo o entendimento, e com todas as forças; e amar ao próximo como a nós mesmos (cf. Marcos 12.30-31).

Jesus, inclusive, afirmou que a Lei e os Profetas dependem desses dois mandamentos (cf. Mateus 22.40). Isso significa que tudo aquilo que Deus deseja que façamos precisa estar fundamentado em uma ação: amar. Assim como qualquer ordem, essa também nem sempre é fácil de cumprir. Por isso, temos uma escolha a fazer todos os dias: agir de acordo com os nossos interesses, pensando apenas em nós mesmos e no que queremos, ou seguir o Espírito Santo.

Quando ouvimos aquilo que Ele fala ao nosso coração, somos ajudados a colocar em prática os maiores mandamentos em todas as situações. O que o Mestre tem mandado você fazer? Será que você está atento à Sua voz? Sempre que estivermos dispostos a prestar atenção, Ele nos lembrará que o Mestre mandou amar.

PERGUNTAS

1 Qual trecho desse devocional mais chamou a sua atenção? Copie-o aqui.

....

....

....

....

....

2 Como você pode aplicar esse aprendizado no seu dia a dia?

....

....

....

....

3 Você já falou com Deus hoje? Após essa leitura, escreva aqui uma oração, conforme o Espírito Santo o direcionar.

....

....

....

....

O FRUTO ESPECIAL: AMOR

SEM AMOR, NADA TEM VALOR

DIA 4

Em um sábado à tarde, depois de procurar seu irmão por toda a casa, Tatá gritou:
— Zezé, onde você está?
Zezé havia voltado de uma partida de futebol, mas logo desapareceu sem falar com ninguém.
— Zezé! — continuou Tatá — Pare de se esconder!
— Eu estou aqui — respondeu Zezé bem baixinho.
— Onde? Fale mais alto, garoto! — resmungou Tatá.
— Aqui, Tatá! — disse Zezé, dessa vez, um pouco mais alto.
Tatá seguiu a voz de seu irmão até atrás do sofá e o encontrou lá, abaixado.
— Você está chorando? O que aconteceu?
— No final do jogo de hoje, os meninos do time adversário estouraram a minha bola, que era nova — disse ele zangado e inconformado, limpando as lágrimas.
— E você está chorando por isso?
— Sim, Tatá, não tem mais como consertar! Agora essa bola não serve para nada.
Naquele instante, tia Ju chegou à sala, encontrando Tatá e Zezé atrás do sofá. Ao perguntar o que havia acontecido, ele explicou mais uma vez, irritado:
— Aconteceu uma coisa horrível com a minha bola de futebol, mãe! Hoje, no jogo, os meninos do outro time não aceitaram a derrota e a estouraram. Por isso, vou ter de juntar dinheiro da minha mesada para comprar outra e, até eu conseguir esse valor, já estaremos em 2053! Mas tudo bem, vou fazer isso, *ah* se vou! Vou guardar todo dinheiro que puder para comprar uma bola nova, ainda melhor e mais bonita do que aquela. Eles vão ver só!

O FRUTO ESPECIAL: AMOR

— Meu filho, de nada vale você comprar uma bola nova com a motivação de causar inveja nos meninos. Se você não estiver agindo com amor, não adianta fazer nada, nem mesmo guardar sua mesada. Hoje pela manhã, eu estava com seu pai e li algo na Bíblia sobre isso. Em 1 Coríntios 13.1-3, aprendemos que podemos ter os melhores dons, a maior fé ou, até mesmo, agirmos da maneira mais excelente possível, mas, sem amor, nada disso importa.

— *Puxa*, mamãe, você tem razão! — respondeu Zezé mais calmo — Assim como a bola estourada é vazia e sem valor, se eu não tiver amor, vou ficar vazio também; porque, se eu não puder amar, não adianta fazer nada. Não quero acabar igual a essa bola vazia, mas, sim, cheio de amor. Sei que quem me enche é o Senhor. Ele me capacita a amar os meus amigos e, até mesmo, os meus inimigos.

— Que orgulho, meu filho! Você está crescendo, *hein?!* É isso mesmo: sem amor, nada tem valor! O que você acha de levarmos sua bola à oficina do tio Alê? Quem sabe, ele não encontra alguma forma de consertá-la?!

Zezé sorriu, e recebeu um abraço de Tatá. No fim, ele estava contente e já não se importava mais com a bola furada, pois sabia que, mesmo que ela não pudesse ser arrumada, ele estava cheio de amor. Isso, sim, era a coisa mais importante.

REFLITA

1. Alguém já cometeu uma injustiça com você assim como aconteceu com Zezé?

2. Como podemos amar nessas situações?

3. O que você pode fazer para ter sempre o amor em seu coração?

A BÍBLIA DIZ

DEVOCIONAL

Ainda que eu fale as línguas dos homens e dos anjos, se não tiver amor, serei como o bronze que soa ou como o címbalo que retine. Ainda que eu tenha o dom de profetizar e conheça todos os mistérios e toda a ciência; ainda que eu tenha tamanha fé, a ponto de transportar montes, se não tiver amor, nada serei. E ainda que eu distribua todos os meus bens entre os pobres e ainda que entregue o meu próprio corpo para ser queimado, se não tiver amor, isso de nada me adiantará. (1 Coríntios 13.1-3)

Assim como aconteceu com Zezé, muitas vezes precisaremos alinhar a motivação de nosso coração antes de fazermos alguma coisa. Podemos usar nossos dons, talentos, fé e disponibilidade para ajudar os outros. Ainda assim, não importa o tamanho da boa ação, se não tivermos amor, não terá valor algum.

Antes de agirmos, é importante pensarmos se estamos realizando alguma tarefa movidos pelo amor, ou se estamos fazendo apenas porque alguém nos mandou, porque somos obrigados ou, até mesmo, para aparentar sermos "bonzinhos" e ganharmos algo em troca. Devemos nos lembrar, o tempo todo, de que a melhor coisa é fazer tudo com a intenção de amar.

Nosso exemplo deve ser Jesus, que, em tudo o que fez, foi movido por amor às pessoas: realizou curas, sinais e maravilhas, além de compartilhar ensinamentos e contar parábolas a respeito do Reino de Deus. Da mesma forma que Ele andou, também devemos andar, assim poderemos ser como Cristo aqui na Terra (cf. 1 João 2.6).

PERGUNTAS

1 Qual trecho desse devocional mais chamou a sua atenção? Copie-o aqui.

....
....
....
....
....

2 Como você pode aplicar esse aprendizado no seu dia a dia?

....
....
....
....
....

3 Você já falou com Deus hoje? Após essa leitura, escreva aqui uma oração, conforme o Espírito Santo o direcionar.

....
....
....
....
....

MÃOS À OBRA

DESAFIOS

Desafio 1: O QUE EU POSSO FAZER POR VOCÊ?
Escolha três pessoas que façam parte de seu dia a dia e, sempre que puder, pergunte: "O que eu posso fazer por você agora?". Então, sirva essas pessoas conforme suas necessidades, demonstrando o seu amor desse jeito. Muitas vezes, estamos acostumados a receber ajuda, mas que tal nos dispormos a fazer algo pelos outros também?

Desafio 2: DIGA ÀS PESSOAS O QUANTO ELAS SÃO IMPORTANTES PARA VOCÊ!
Escreva uma carta para cada uma das pessoas que moram com você, citando, pelo menos, três características que admira nelas, e o quanto elas fazem a diferença em sua vida de forma positiva. Ore e peça ao Espírito Santo que coloque em seu coração algum versículo da Bíblia para compartilhar com essas pessoas, e escreva na cartinha também. Dessa maneira, você demonstrará amor por meio de suas palavras.

Desafio 3: UM GESTO DE CARINHO...

Assim que acordar, antes de se levantar da cama, ore e peça que o Espírito Santo lhe mostre cinco pessoas a quem você precisa abraçar ao longo do dia. Abrace-as, olhe em seus olhos, e diga: "Você é muito importante! Você é amado! Deus o ama!".

Desafio 4: PASSE TEMPO COM AS PESSOAS, NÃO DEIXE O TEMPO PASSAR!

Convide três amigos para tomar um lanche da tarde ou fazer um piquenique com você. Preparem as suas comidas favoritas: podem ser bisnaguinhas, sucos, frutas, bolinhos, ou outras coisas que gostem de comer. Quando chegarem ao local marcado para o encontro, combine com seus amigos de não utilizarem equipamentos eletrônicos, e guarde os celulares em uma caixa. Foquem em se divertir, conversar, contar histórias e brincar. Aproveitem ao máximo a companhia uns dos outros nesse tempo juntos, sem deixarem o tempo passar despercebido.

VAMOS RESOLVER O CAÇA-PALAVRAS?

PROCURE AS PALAVRAS:
AMOR | COMPAIXÃO | JUNTOS | LEGAL | PRÓXIMO

```
L G A R S P L E G A L L
T T W A R T S H I I H G
A P S O E H T A A U B U
M R I H G E T U V U H E
E Ó L T E C N H E I T A
T X O T O T L A E E E M
D I R C O M P A I X Ã O
E M T S O E R Y N B I R
D O A N O T C O A O E E
O Y C E J U N T O S L E
E O Y E N S R H S T N L
```

QUE TAL ESCREVER SEU VERSÍCULO FAVORITO DA SEMANA?

HORA DO EPISÓDIO

TEMPORADA 8: AMOR

35

DÊ VIDA AOS QUADRINHOS COM CORES LINDAS

DESENHE AQUI O QUE É AMOR PARA VOCÊ

O FRUTO ESPECIAL: ALEGRIA

UMA ALEGRIA QUE NÃO TEM FIM

Em um lindo dia, o sol raiava com algumas nuvens no céu, e uma brisa leve levantava as folhas do diário novo de Bibi. Ela estava sozinha no parquinho, escrevendo e esperando por seus amigos, quando Duda veio correndo em sua direção. Assim que alcançou Bibi e a abraçou, Duda avistou o diário e disse toda empolgada:

— *Uau!* Que diário lindo!

— Diário? Quem tem um diário? — Leleco apareceu de repente e cheio de curiosidade.

Bibi sorriu e respondeu:

— Eu ganhei esse diário ontem da minha mãe e amei! Era o que eu...

Nessa hora, Leleco interrompeu Bibi, pegou o rosto das duas e virou ambas para trás, em direção ao Bisnaguinha. Ele vinha andando devagar, segurando um sanduíche enorme, batatas fritas e um copo gigante de suco de uva. Estava carregando tantas coisas, que não conseguia ver direito por onde andava, e muito menos o galho seco que estava à sua frente no caminho. Então, todos começaram a correr em sua direção e gritar para alertá-lo, mas era tarde demais. Bisnaguinha acabou tropeçando e caindo.

Tudo se foi pelos ares! O sanduíche parecia ter asas, e, em questão de segundos, Leleco se transformou em um caçador de lanches, tentando impedir que ele fosse ao chão. Não deu certo. O sanduíche se desmontou em cima dele, as batatas caíram como chuva sobre a Duda, e o suco parecia uma cachoeira, dando um banho em Bibi e seu diário novo.

Naquele momento, Leleco e Duda ficaram paralisados, olhando para Bibi e o diário, que estavam encharcados. Bisnaguinha, por outro lado, não estava entendendo nada:

O FRUTO ESPECIAL: ALEGRIA

— O que foi, pessoal? Por que estão olhando assim para Bibi? Esse caderno a protegeu de tomar um banho de suco ainda maior!

— Não é um simples caderno; é um diário especial que ela ganhou ontem — respondeu Duda.

— Bibi, me perdoe, foi sem querer! — disse Bisnaguinha, triste pelo que aconteceu.

Bibi olhou para o diário, suspirou profundamente e respondeu:

— Tudo bem, pessoal! Antes de vocês chegarem, eu estava escrevendo justamente sobre alegria! Existe um versículo que diz...

— Eu sei! É onde está escrito que "a alegria de pobre dura pouco", não é? — interrompeu Leleco.

— Leleco, esse "versículo" não existe! — respondeu Bibi — Tem gente que fala essas coisas, só que não é verdade! Eu quis dizer que existe uma alegria permanente e uma passageira. A alegria que temos por conta das coisas materiais é passageira, porque elas vão acabar um dia, mas a que encontramos em Deus é permanente! Podemos tê-la em todos os instantes, não importa se algo difícil acontecer, ou se possuímos certas coisas ou não. Quando olho para a minha vida, sei que Ele cuida de mim, e isso me traz uma alegria constante e eterna. Então, para ficar realmente alegre, não preciso de um diário novinho, mas do Senhor em meu coração e do cuidado d'Ele sobre mim!

— É! Mas é uma pena que o seu diário novo tenha se estragado, não é Bibi? Eu teria ficado bem triste... — disse Duda.

— Perdão, Bibi! Não foi minha intenção fazer isso, de verdade! — repetiu Bisnaguinha meio sem jeito.

— Eu sei, Bisnaga, está tudo bem. Isso não foi a coisa mais legal do mundo, porém sei que você não fez por mal. — respondeu Bibi — Agora, vamos limpar toda essa bagunça antes de fazermos qualquer outra coisa!

— E vão lá para a minha casa depois, por favor! — convidou Bisnaguinha — Com certeza, a minha mãe vai fazer mais sanduíches para todo mundo! Eu acho que isso vai deixar o nosso dia muito mais alegre.

A BÍBLIA DIZ

DEVOCIONAL

Alegrem-se sempre no Senhor; outra vez digo: alegrem-se! (Filipenses 4.4)

Você sabia que o apóstolo Paulo escreveu várias cartas para as primeiras igrejas da História? Em uma delas, enviada aos filipenses, ele os lembrou da importância de se manterem sempre alegres no Senhor.

Lá em Filipos, onde essa igreja estava localizada, Paulo e seu amigo Silas foram presos. Imagine como deve ser horrível ser lançado numa prisão. Mas, em vez de se entristecerem e chorarem, a Bíblia conta que eles começaram a orar e louvar a Deus. Enquanto faziam isso, algo sobrenatural aconteceu: um grande terremoto chegou àquela região e as celas onde eles estavam foram abertas (cf. Atos 16.20-26).

Sabe por que esse milagre aconteceu? Porque Paulo e Silas decidiram adorar, mesmo em um momento difícil, afinal sabiam que a verdadeira alegria não se encontrava nas situações da vida, mas em Jesus!

Muitas vezes, nós nos alegramos por conta de algo passageiro, como ganhar brinquedos, viajar e tirar notas boas na escola. Claro que não é errado celebrarmos coisas como essas. Porém, melhor do que isso é termos alegria no Espírito, que é eterna e não depende do que estamos vivendo no momento. Ou seja, mesmo quando passamos por circunstâncias que nos causam dor, como Paulo e Silas passaram, podemos nos alegrar em Jesus. Ele vive e reinará para sempre, e se O temos como nosso Senhor e Salvador, também teremos vida eterna ao Seu lado. Esse sim é um excelente motivo para nos alegrarmos todos os dias!

PERGUNTAS

1 Qual trecho desse devocional mais chamou a sua atenção? Copie-o aqui.

....
....
....
....
....

2 Como você pode aplicar esse aprendizado no seu dia a dia?

....
....
....
....
....

3 Você já falou com Deus hoje? Após essa leitura, escreva aqui uma oração, conforme o Espírito Santo o direcionar.

....
....
....
....
....

O FRUTO ESPECIAL: ALEGRIA

DIA
6

SEMPRE ALEGRES

Certa manhã, bem cedo, todos ainda acordavam, quando um grito interrompeu o silêncio na Rua G5.2:

— Já é hoje! — gritou Leleco muito empolgado.

Seu pai correu até o quarto e disse:

— Leonardo! O que está acontecendo aqui?

— Pai! É hoje, *né*? O dia em que vamos todos à praia! — respondeu Leleco, entusiasmado.

— Filho, — disse o pai do Leleco — eu sei que você estava muito animado para irmos à praia hoje, mas não vamos conseguir viajar.

Leleco, então, fez uma cara de espanto. Como poderiam ficar em casa se ele já estava até sonhando com boias, castelos de areia e mar? Quando seu pai abriu a janela, Leleco se deparou com a última coisa que desejaria ver: muita chuva!

— Mas, pai, — Leleco falou, com cara de choro — a praia é longe daqui, pode ser que lá não esteja chovendo! Eu até sonhei com o sol...

— Filho, durante a madrugada, começou uma tempestade muito forte, que alagou toda a saída do bairro. Infelizmente, não vamos conseguir ir à praia hoje. Estão anunciando nos jornais que casas já foram arrastadas pelas chuvas, e pessoas estão presas dentro de carros por conta dos alagamentos... Deus foi muito bom por ter nos guardado aqui em casa. O que precisamos fazer agora é orar por aqueles que estão em perigo.

Leleco, então, questionou-se sobre o motivo de orar pelas pessoas quando era ele quem precisava de oração, já que estava muito chateado.

Em seguida, seu pai olhou para ele e continuou:

— Eu sei que você está triste, mas pode trocar essa tristeza pela alegria de saber que Deus está cuidando de nós e que, mesmo que estivéssemos em perigo, Ele estaria ao nosso lado para nos socorrer! O Senhor sempre está conosco, nos momentos bons e nos ruins!

O FRUTO ESPECIAL: ALEGRIA

Leleco respirou fundo e disse:

— Tudo bem, pai! Vou orar por tudo isso, mas eu também poderia pedir para a chuva acabar?

Enquanto Leleco terminava de falar, olhou pela janela e percebeu que a chuva havia parado naquele mesmo instante:

— *Nossa!* — gritou — Nem deu tempo de orar e a chuva já parou. Pai, será que agora podemos ir para a praia?

— Não, filho! A chuva passou, mas a água das ruas ainda não secou.

Seu pai o abraçou e começou a orar. Ele agradeceu, pois, mesmo não podendo ir à praia, eles estavam seguros e a casa deles não havia sofrido nenhum dano por conta da tempestade. Também pediu ao Senhor para cuidar e ficar ao lado das pessoas que estavam sofrendo naquele momento por causa das chuvas.

Leleco, vendo que seu pai continuava com o coração grato e não parecia nem um pouco triste por não irem à praia, perguntou:

— Mas, pai, parece até que você está feliz pela chuva e por não conseguirmos viajar! Como consegue sentir gratidão em um momento como esse?

— Leonardo, eu estou feliz porque, apesar de não termos conseguido ir à praia, sei que Deus não só vai continuar cuidando de nós, nos mantendo seguros e secos, como também cuidará de todos aqueles que precisam de ajuda. E sei que, mesmo não conseguindo viajar como tínhamos planejado, estamos bem, aqui em casa, e nos divertiremos bastante nos próximos dias. Além do mais, não faltarão oportunidades para irmos à praia juntos.

— *Ai*, pai... Eu pisei na bola mesmo, *né?* Preciso me lembrar mais vezes de que: conseguindo as coisas do jeito que quero, ou não, minha alegria está em Jesus e na certeza de que Ele cuida de tudo e sabe o que é melhor para mim. Eu desejo ser tão confiante e alegre quanto você, mesmo quando as coisas não saírem como espero.

A BÍBLIA DIZ

DEVOCIONAL

Assim também agora vocês estão tristes. Mas eu os verei outra vez, e o coração de vocês ficará cheio de alegria, e ninguém poderá tirar essa alegria de vocês. (João 16.22)

Todo mundo já passou, ou vai passar, por momentos de tristeza. Seja pelo fim das férias, alguma doença, um bichinho de estimação que morreu, ou por alguém que amamos muito ter mudado de cidade ou falecido. É difícil passar por situações como essas.

Mas é muito bom lembrar que, assim como nós, Jesus também enfrentou momentos tristes e dolorosos enquanto esteve aqui na Terra. Na verdade, não só enfrentou, como venceu todos eles. Ele sabia, por exemplo, que muitas pessoas se entristeceriam com a Sua morte, mas também entendia que o propósito da cruz era maior do que as dores e tristezas que Seus amigos sentiriam naquele breve instante. Foi exatamente por isso que Cristo os avisou que Se encontraria com eles novamente, e que, quando chegassem ao Céu, teriam uma alegria que jamais poderia ser roubada por alguém.

Quando nossa vida na Terra chegar ao fim e Jesus voltar para nos buscar em Sua segunda vinda, todos aqueles que O aceitaram como Senhor e Salvador, em seus corações, receberão um novo corpo (cf. 1 Coríntios 15.53), e irão morar com Ele no Céu eternamente. A Bíblia diz que lá não haverá dor, choro nem tristeza (cf. Apocalipse 21.4). Por outro lado, o próprio Jesus nos alertou, dizendo que, enquanto vivêssemos aqui na Terra, nós teríamos aflições, mas que deveríamos nos animar, pois Ele já tinha vencido o mundo (cf. João 16.33). Cristo já venceu e, por isso, nós também podemos vencer a tristeza, a dor e todos os problemas que tivermos. N'Ele somos mais que vencedores (cf. Romanos 8.37), e, um dia, nunca mais precisaremos chorar ou ficar tristes, porque estaremos para sempre com Ele no Céu.

PERGUNTAS

1 Qual trecho desse devocional mais chamou a sua atenção? Copie-o aqui.

2 Como você pode aplicar esse aprendizado no seu dia a dia?

3 Você já falou com Deus hoje? Após essa leitura, escreva aqui uma oração, conforme o Espírito Santo o direcionar.

O FRUTO ESPECIAL: ALEGRIA

DIA 7

A ALEGRIA QUE FORTALECE

Leleco e Tatá passavam em frente à casa de Bisnaguinha quando viram, através das grades do portão, que ele estava deitado no jardim.

— Bisnaga! — gritaram juntos.

Ele levantou a cabeça, olhou para os dois e voltou a se deitar, como se aquele gramado fosse a sua cama.

— Bisnaga, por que você está dormindo na grama? — gritou Tatá.

— Abra o portão para nós! — acrescentou Leleco.

Bisnaguinha tentou levantar a mão, porém a ergueu apenas alguns milímetros e a voltou ao chão. Parecia que ele realmente não tinha forças para se colocar em pé.

— Bisnaga, pare com isso, você consegue se levantar! — gritou Tatá sem muita paciência, mas bastante preocupada.

Finalmente, Bisnaguinha respondeu alguma coisa:

— Eu... não... aguento... ir... até... vocês... — disse vagarosamente, como se fosse um bicho preguiça falante.

Eles perceberam que havia certo drama no ar. Leleco teve uma ideia e piscou para Tatá, que logo entendeu que o amigo estava planejando algo.

— Bisnaga! — gritou Leleco, desesperado — Onde estão os seus pais? Vou chamar a ambulância! — continuou, enquanto se distanciava do portão — Você parece estar muito mal de verdade!

Quando Bisnaga ouviu a palavra "ambulância", deu um pulo, ficou em pé e correu para a frente da casa. Abriu o portão rapidamente, segurou Leleco e disse:

— Não precisa chamar a ambulância! Já consegui me levantar!

— *Ah* bom, cheguei a pensar que nos deixaria esperando aqui fora! Agora me fale, o que aconteceu, Bisnaga? Por que você estava largado no chão daquele jeito?

O FRUTO ESPECIAL: ALEGRIA

— Estou triste! Muito triste!

— Meu Jesus *Cristinho*, o que aconteceu? — perguntou Tatá, assustada.

— É que a partir de hoje eu não vou mais poder comer bisnaguinha todos os dias. Vocês entendem o que isso significa?

Leleco deu um pulo para trás, colocando as mãos na cintura, abriu bem os olhos, respirou fundo e disse:

— Que história é essa? Sua mãe faz várias coisas gostosas para nós, prepara a mesa com um monte de frutas, legumes, verduras e carnes, tudo delicioso, e você está triste desse jeito por não comer bisnaguinhas em alguns dias? Eu não estou acreditando! Achei que tinha acontecido algo grave! Pare já com isso! Desse jeito você pode enfraquecer e adoecer de verdade... Hoje mesmo, eu li um versículo que fala sobre isso. Ele diz que "o coração alegre é bom remédio, mas o espírito abatido faz secar os ossos". Pode até pegar a sua Bíblia para confirmar, está lá em Provérbios 17.22.

— Bisnaga, se você deixar os seus ossos secarem, vai ficar fraco e pode até desmaiar! — disse Tatá, desesperada.

— Como assim "vou ficar fraco"? Então eu não posso me entristecer? — respondeu Bisnaguinha quase chorando.

— Amigo Bisnaga, tudo bem passar por momentos de tristeza, só não permita que ela o impeça de perceber os motivos de alegria que existem na sua vida. Você ficou sem bisnaguinhas, mas há uma infinidade de outras comidas muito gostosas na sua geladeira. Pode até parar de comer bisnagas; *eeeentretanto*, nunca deixe de ser o Bisnaga!

Leleco e Tatá continuaram conversando com Bisnaguinha e se lembraram de algumas crianças que conheceram ao visitar uma ONG. Elas sorriam, e seus rostinhos brilhavam de alegria pelo simples fato de haver pessoas disponíveis para alimentá-las e ensiná-las. Mesmo comendo um lanche bem simples, e sem nenhuma bisnaguinha, elas eram gratas e contentes. Então os três amigos seguiram a conversa, lembrando do versículo que Leleco tinha citado, e Bisnaga acabou concordando com eles. Logo, ele voltou a sorrir e agradeceu aos seus amigos por ajudá-lo a perceber que tinha motivos de sobra para se alegrar.

DEVOCIONAL

O coração alegre é bom remédio, mas o espírito abatido faz secar os ossos. (Provérbios 17.22)

Você já se sentiu muito triste por conta de algum problema, mesmo tendo um monte de razões para se alegrar? Ao longo das nossas vidas, com certeza teremos de enfrentar momentos difíceis e lidar com a decepção, como o Bisnaguinha, que precisava abrir mão de algo que gostava muito.

Porém, mesmo que a situação pareça bem desafiadora, devemos nos lembrar de que o Espírito Santo mora dentro de nós, e Ele é quem produz a alegria verdadeira! Com Ele, conseguimos perceber o cuidado e o amor de Deus em todas as coisas — no ar que respiramos, na nossa cama aconchegante, e até na comida que temos em casa. Isso nos leva a sermos gratos por tudo o que já temos e, assim, muito alegres, mesmo passando por algum problema.

E sabe qual é o segredo para fazermos isso com facilidade? Ter coisas boas em nossa mente! A Bíblia diz, em Filipenses 4.8, que a nossa mente precisa estar cheia de tudo o que é verdadeiro, respeitável, justo, puro, amável e de boa fama. Desse modo, quando recebermos uma má notícia, por exemplo, encontraremos esperança, força, e seremos capazes de levar conforto e alegria a quem precisa.

De fato, Deus cuida de nós o tempo todo e, por isso, sempre há muitos motivos para nos alegrarmos n'Ele. A Bíblia nos diz, também, que a alegria do Senhor é a nossa força (cf. Neemias 8.10). Focar nessa verdade é como tomar uma supervitamina, que nos fortalece para combater todo mal que vier contra nós! Portanto, nunca deixe que a tristeza o impeça de ver as coisas boas que Deus faz. Use os óculos da alegria no Espírito e, assim, você enxergará o lado bom de todas as coisas!

PERGUNTAS

1 Qual trecho desse devocional mais chamou a sua atenção? Copie-o aqui.

....

....

....

....

....

2 Como você pode aplicar esse aprendizado no seu dia a dia?

....

....

....

....

....

3 Você já falou com Deus hoje? Após essa leitura, escreva aqui uma oração, conforme o Espírito Santo o direcionar.

....

....

....

....

O FRUTO ESPECIAL: ALEGRIA

A VERDADEIRA ALEGRIA

DIA 8

Era verão na Rua G5.2, e os pais de Bisnaguinha, tia Fatinha e tio Jojô, alugaram uma casa no litoral para as famílias da turma passarem as férias juntas. Todos estavam superfelizes, pois finalmente tinha chegado o dia de ir à praia. Com os carros abastecidos, as bagagens guardadas no porta-malas e as crianças bem alimentadas, eles colocaram o pé na estrada.

Ao longo do caminho, pararam várias vezes para comer uns lanchinhos e usar o banheiro. A cada parada, pelo menos uma criança trocava de carro: Bibi começou a viagem com a Carol e terminou com a Tatá; Leleco foi com o Zezé, mas depois os dois se juntaram ao Bisnaguinha. E, após algumas horas de viagem, finalmente, chegaram ao destino. As crianças estavam animadíssimas, afinal tudo o que queriam era correr para a praia e brincar na areia. Então os adultos decidiram que os pais descarregariam os carros enquanto as mães levariam a turminha para o lugar tão esperado.

O dia estava extremamente agradável. Da orla do mar, puderam ver uma água cristalina e lindas nuvens no céu. Dali também sentiram uma deliciosa brisa refrescá-los. Tia Ju aplicou o protetor solar nas crianças, que foram brincar logo depois.

Foi quando perceberam uma mulher que parecia não estar se sentindo muito bem; ela colocava a mão na cabeça, aparentando preocupação e dificuldade para andar. Ao ver essa cena, Bibi resolveu ir ao encontro dela e oferecer uma oração. Mas, antes, é claro, pediu autorização à sua mãe, que concordou com a ideia e a acompanhou. Elas conversaram por um tempo, e Bibi, de forma muito amorosa e animada, falou de Jesus para aquela mulher, explicando sobre a alegria de tê-lO como Senhor e Salvador. Em seguida, também orou para

O FRUTO ESPECIAL: ALEGRIA

que ela recebesse a cura de suas dores e preocupações; e foi assim que aquela senhora decidiu entregar a vida para Cristo! Ao terminarem a oração, de repente não havia mais sinal de dor em seu rosto, e uma alegria tomou conta de sua expressão. Ela não parava de sorrir!

Depois de agradecer à Bibi e sua mãe, saiu falando a todos que a acompanhavam sobre como se sentia bem, livre de suas dores e cheia de alegria. Naquele momento, eles foram até onde a turminha e suas mães estavam, querendo saber mais sobre o Jesus que a pequena Bibi havia comentado. Ali mesmo, após algum tempo de conversa, todos aceitaram a Cristo como Senhor e Salvador de suas vidas. A praia foi tomada por uma onda de alegria. Não uma simples alegria passageira, mas a verdadeira alegria, que está no coração de todos aqueles que conhecem a Deus e entregaram suas vidas a Ele!

REFLITA

1. **Você já falou para outras pessoas sobre a alegria da salvação, aquela que só Jesus pode oferecer?**

2. **Bibi falou sobre o Senhor com muita alegria e amor; por que será que isso aconteceu?**

3. **Sabia que Jesus deseja habitar em nosso coração? Se Ele já mora em você, lembre-se disso com muita alegria; se não, convide-o hoje mesmo para entrar em sua vida.**

A BÍBLIA DIZ

DEVOCIONAL

Muitos samaritanos daquela cidade creram em Jesus, por causa do testemunho da mulher, que tinha dito: "Ele me disse tudo o que eu já fiz". Quando, pois, os samaritanos foram até Jesus, pediram-lhe que permanecesse com eles; e Jesus ficou ali dois dias. Muitos outros creram nele, por causa da palavra de Jesus. E diziam à mulher: — Agora não é mais por causa do que você falou que nós cremos, mas porque nós mesmos ouvimos, e sabemos que este é verdadeiramente o Salvador do mundo. (João 4.39-42)

A Bíblia diz que, certa vez, Jesus estava sentado perto de um poço e, ali, viu uma mulher samaritana que se aproximou para buscar água. Então Ele começou a conversar com ela e falou que, se lhe pedisse, Ele lhe daria a Água da Vida. Você sabe o que seria essa Água? Sim! Ele mesmo: Jesus Cristo. E quem bebe dessa Fonte infinita não volta a ter sede de vida, pois encontra alegria, cura, restauração e tudo mais quanto necessitar.

Lendo essa passagem completa, você descobrirá que a mulher samaritana ficou tão feliz por ter se encontrado com o Filho de Deus, crido n'Ele e recebido vida e alegria, que decidiu voltar para sua cidade e falar sobre Jesus para todos que encontrava. Uma boa parte da população soube de sua história e, assim como ela, não só confessou que Cristo era o Salvador e Senhor de suas vidas, mas desfrutou da alegria da salvação!

Quando temos Jesus em nossos corações e O amamos, desejamos sempre compartilhar sobre Ele com as pessoas que encontramos. Não conseguimos nos conter! Por isso saímos por aí, transbordando Seu amor e alegria, e dizendo a todos sobre como é bom viver com Cristo!

PERGUNTAS

1 Qual trecho desse devocional mais chamou a sua atenção? Copie-o aqui.

....
....
....
....
....

2 Como você pode aplicar esse aprendizado no seu dia a dia?

....
....
....
....
....

3 Você já falou com Deus hoje? Após essa leitura, escreva aqui uma oração, conforme o Espírito Santo o direcionar.

....
....
....
....
....

MÃOS À OBRA

DESAFIOS

Desafio 5: ENXERGUE-SE COMO DEUS O VÊ!
Sabia que Deus o formou no ventre de sua mãe, e o conhece antes mesmo de você nascer? O rei Davi tinha consciência disso e louvava ao Senhor por esse motivo. É o que a Palavra nos mostra em Salmos 139.13-14. Então, que tal parar em frente ao espelho e enxergar que você é uma criação linda do Senhor? Agradeça a Ele por tê-lo feito de forma tão maravilhosa, e lembre-se sempre: Deus tem um plano muito incrível para a sua vida! Isso, com certeza, o encherá de alegria!

Desafio 6: SABIA QUE JESUS QUER SER SEU AMIGO?
Às vezes, nós nos sentimos sozinhos e chegamos até a acreditar que ninguém quer ser nosso amigo. Porém, isso é uma mentira, pois, como está escrito em João 15.15, Jesus chama de amigo todos os que fazem a vontade do Pai. Sendo assim, basta obedecermos aos mandamentos do Senhor para encontrarmos um grandíssimo Amigo! Ele deseja estar sempre conosco, ajudando-nos e expressando Seu amor. Portanto, lembre-se de cultivar essa amizade todos os dias, conversando com Ele e convidando-O para estar em cada momento da sua vida.

Desafio 7: AJUDE QUEM PRECISA...

Em Romanos 12.15, a Bíblia diz para nos alegrarmos com os que se alegram e chorarmos com os que choram. Então, exercite sua compaixão visitando uma instituição de acolhimento, como um asilo, uma casa-lar (antigos orfanatos) ou alguma ONG, neste mês, e leve alegria aos que necessitam. Se não puder fazer isso, simplesmente se dedique a escutar e acolher as pessoas que fazem parte do seu dia a dia, como seus colegas de turma, vizinhos ou até familiares. Ouça o que essas pessoas têm para compartilhar e ore com elas, declarando alegria no Espírito.

Desafio 8: COMPARTILHE A VERDADEIRA ALEGRIA!

Assuma o desafio de falar de Jesus semanalmente para, pelo menos, uma pessoa. Também anote, em um caderno, o nome de amigos ou familiares que ainda não conhecem ao Senhor. Então, com sua família, ore por eles todos os dias e, em algum momento da semana, fale do amor do Pai para essas pessoas. Assim, cada um receberá a mesma alegria que você tem por meio do Espírito Santo!

VAMOS RESOLVER O CAÇA-PALAVRAS?

PROCURE AS PALAVRAS:
ALEGRIA | PLENITUDE | VERDADE | VIRTUDE | FÉ | CRISTO

```
E E A L E G R I A O L L
D T G V S R V A D E H E
W D S E E H T Ó J U D U
I H I R G E T U X U H E
A O L D E N N H T I T C
G O R A O T L R E E M R
N R U D O M I A I X D I
P E T E O V R Y N B I S
P L E N I T U D E O E T
H L C E R Y N S I C L O
U O Y E N S R H F É N L
```

QUE TAL ESCREVER SEU
VERSÍCULO FAVORITO DA SEMANA?

HORA DO EPISÓDIO

TEMPORADA 1: ALEGRIA

_____
_____
_____
_____
_____
_____
_____

DÊ VIDA AOS QUADRINHOS COM CORES LINDAS

DESENHE AQUI O QUE É ALEGRIA PARA VOCÊ

O FRUTO ESPECIAL: PAZ

UM PRESENTE

Certa noite, na hora de dormir, Zezé já tinha colocado seu pijama, escovado os dentes e estava pronto para deitar-se. Nesse momento, sua mãe entrou no quarto e, dando-lhe um beijo na testa, disse:

— Boa noite, filho. Durma com Deus.

Ela apagou as luzes, fechou a porta e tudo ficou escuro. Pela primeira vez, Zezé olhou de um lado para o outro e, não conseguindo enxergar nada, sentiu-se sozinho e com medo. Imediatamente, reuniu forças, pulou da cama e correu até o quarto de sua mãe. Ao encontrá-la, ele falou:

— Mamãe, posso dormir com você hoje?

— Meu filho, você já dorme sozinho há tanto tempo. O que está acontecendo? — perguntou tia Ju.

— Estou com medo do escuro — respondeu Zezé, já subindo na cama de seus pais com a esperança de passar a noite ali com eles.

Ao entender a situação, sua mãe prontamente o chamou para que, juntos, abrissem a Bíblia, e descobrissem o que Deus tinha a dizer sobre o assunto.

— Zezé, assim como em nosso aniversário recebemos presentes especiais, ao longo de nossas vidas, Deus também nos dá vários presentes! E um desses presentões que Jesus deixou para nós é a paz! Sabe o que está escrito em Salmos 4.8? "Em paz me deito e logo pego no sono, pois só tu, Senhor, me fazes repousar seguro". Por isso, você pode dormir tranquilo, meu filho.

— Eu acho que entendi, mamãe! Mesmo no escuro, Jesus está comigo e é a minha paz, então não preciso ter medo.

— É isso mesmo, Zezé, você entendeu certo!

O FRUTO ESPECIAL: PAZ

Com muita alegria, tia Ju abraçou e beijou Zezé. Juntos, oraram pedindo ao Senhor por Sua paz, para que pudessem adormecer logo. A partir daquela noite, Zezé passou a dormir tranquilo e seguro, pois se lembrava do versículo de Salmos sempre que sentia medo do escuro.

> AI, ESSE MEU FILHO! COM MEDO DE ESCURO? AINDA BEM QUE O SENHOR NOS DEIXOU VÁRIOS PRESENTES NA BÍBLIA! UHM, E QUE TAL FAZERMOS UM DESENHO BEM BONITO SOBRE O QUE APRENDEMOS COM A HISTÓRIA DE HOJE?

MANDOU BEM!

A BÍBLIA DIZ

DEVOCIONAL

Deixo com vocês a paz, a minha paz lhes dou; não lhes dou a paz como o mundo a dá. Que o coração de vocês não fique angustiado nem com medo. (João 14.27)

Na história, Zezé não quis dormir no escuro. No momento em que se deitou, ele sentiu medo, porque ainda não compreendia que Deus, sendo um bom Pai, sempre traz segurança e cuidado. Na vida, muitas coisas podem deixar nossos corações angustiados, como a prova de uma matéria que não lembramos muito bem; uma escola nova, com amigos diferentes; uma mudança de casa; um irmãozinho mais novo, e por aí vai.

Jesus, porém, deixou-nos um presente para lidar com todas essas situações: a Sua paz. Muitos pensam que ela significa nunca ser incomodado, ou não ter de passar por momentos difíceis. Mas não. A paz de Deus é diferente, porque, além de não ter fim, ela não depende de nenhuma outra coisa! Não se trata de algo passageiro, pois essa paz que nos foi dada de graça garante que nossos corações não fiquem angustiados ou com medo.

Tudo o que precisamos fazer é receber esse presente e convidar Jesus para participar de cada momento de nossas vidas. Assim, todo medo, ansiedade e tristeza vão embora, porque não há espaço para sentimentos ruins em um coração que já está cheio de paz.

PERGUNTAS

1 Qual trecho desse devocional mais chamou a sua atenção? Copie-o aqui.

....
....
....
....
....

2 Como você pode aplicar esse aprendizado no seu dia a dia?

....
....
....
....
....

3 Você já falou com Deus hoje? Após essa leitura, escreva aqui uma oração, conforme o Espírito Santo o direcionar.

....
....
....
....
....

O FRUTO ESPECIAL: PAZ

BUSCANDO A PAZ COM PERSEVERANÇA

DIA 10

Depois que o sinal do recreio tocou na escola, Zezé foi para o refeitório lanchar com seus amiguinhos de classe. Ele tirou de sua lancheira apenas um suco, e o tomou rapidamente. Alguns colegas, vendo que ele havia terminado antes dos outros, começaram a zombar de Zezé.

Um deles falou:

— Olha só! O Zezé não comeu, e só tomou um suco para poder ser o primeiro na fila da volta para a sala de aula.

Em seguida, outro colega afirmou:

— Já é o filhinho da mamãe e agora quer ser o aluninho preferido da professora.

Então, a maioria das crianças que estavam ali começaram a rir de Zezé. Porém, seu grande amigo, Bisnaguinha, defendeu-o dizendo que nada daquilo era verdade. Com a permissão de Zezé, ele explicou que seu amigo não estava com muita fome naquele dia, pois estava muito chateado por não receber tanta atenção dos pais agora que tinha outra irmã mais nova. E acrescentou que, mesmo se ele tivesse a intenção de ser o primeiro da fila, isso não atrapalharia o intervalo de ninguém, por isso não havia motivos para incomodá-lo.

Ao ouvirem as palavras de Bisnaguinha, eles entenderam que não tinham agido bem, inclusive alguns deles se lembraram de quando haviam passado pela mesma situação com seus irmãos caçulas. Assim, arrependeram-se e pediram desculpas sinceras ao Zezé.

— Eu entendo você, Zezé... — disse um dos meninos — para mim também não foi fácil quando o meu irmão mais novo nasceu. Além de os meus pais não conseguirem mais brincar sempre comigo, o neném chorava o tempo todo e eu não podia fazer barulho para ele

O FRUTO ESPECIAL: PAZ

não acordar. A verdade é que eu disse aquilo sem pensar, e acabei acusando você de algo que nem faz sentido. Na próxima vez, vou pensar melhor antes de falar! Você me perdoa?

— Perdoo, sim! — respondeu Zezé — Eu fiquei triste quando ouvi vocês dizerem aquelas coisas. Ainda bem que o Bisnaga me ajudou. Às vezes, é difícil nos colocarmos no lugar dos outros, mas fiquem tranquilos, eu desculpo vocês, e sei que daqui a pouco a minha irmãzinha irá crescer e nós poderemos brincar com ela também.

Aliviado, Zezé agradeceu a ajuda de Bisnaguinha e se alegrou porque a situação terminou bem. Foi assim que o posicionamento de Bisnaga, de defender o amigo, e o perdão rápido de Zezé para os que tinham zombado dele fizeram com que a paz voltasse a reinar no refeitório, e eles pudessem conversar e se divertir juntos durante o intervalo.

REFLITA

1. Alguém já defendeu você em um momento difícil, assim como Bisnaguinha fez com Zezé?

2. De que forma Bisnaguinha permaneceu na busca pela paz nessa situação?

3. Você já ajudou a trazer a paz em alguma ocasião?

A BÍBLIA DIZ

DEVOCIONAL

Pois: Aquele que quer amar a vida e ter dias felizes refreie a língua do mal e evite que os seus lábios falem palavras enganosas; afaste-se do mal e pratique o bem, busque a paz e empenhe-se por alcançá-la. (1 Pedro 3.10-11)

Em alguns momentos, parece que a nossa boca tem "vida própria", e acabamos dizendo coisas sem pensar muito bem, não é mesmo? No versículo que lemos hoje, a Bíblia diz que precisamos frear a nossa língua e evitar que nossos lábios falem palavras enganosas. Ou seja, devemos dizer a verdade e nos afastar do mal o tempo todo. Ser honesto é bom demais, e fazer isso com amor e gentileza é ainda melhor!

Às vezes, enquanto estivermos buscando a paz, teremos de lidar com algumas situações complicadas e talvez precisemos até ter algumas conversas difíceis para resolver questões problemáticas. Nesses momentos, assim como Zezé, devemos ser honestos e amorosos, abrindo o coração para compreender o outro e, se necessário, perdoá-lo. Em outros casos, caberá a nós sermos aqueles que se posicionam para tentar resolver o problema e trazer a paz, como Bisnaguinha fez.

Seja sempre cuidadoso com suas palavras, sem julgar ou acusar as pessoas. Muitas vezes, estamos tão convictos de algo, que não questionamos o motivo de as coisas ocorrerem de um determinado jeito. Lembre-se de que podemos fazer perguntas para entender melhor o que está acontecendo e buscar sempre a reconciliação. Desse modo, seguiremos o que o apóstolo Pedro aconselhou a Igreja a fazer: buscar a paz com perseverança (cf. 1 Pedro 3.10-11).

PERGUNTAS

1 Qual trecho desse devocional mais chamou a sua atenção? Copie-o aqui.

2 Como você pode aplicar esse aprendizado no seu dia a dia?

3 Você já falou com Deus hoje? Após essa leitura, escreva aqui uma oração, conforme o Espírito Santo o direcionar.

O FRUTO ESPECIAL: PAZ

PACIFICADORES

DIA 11

Assim que a hora do recreio chegou, Bisnaguinha saiu correndo para o pátio da escola com seus colegas de classe para brincar de pique-esconde. Beto, um dos colegas da turma, começou a contar de 1 a 30, enquanto todos se espalhavam em busca de um bom esconderijo.

— [...] 28, 29, 30! Prontos ou não, lá vou eu! — disse Beto.

Ele saiu para um lado à procura dos amigos; e Bisnaguinha, ao perceber que todos estavam escondidos do lado oposto, logo disparou até o ponto de partida (ou pique), e, chegando antes de Beto, bateu na parede, gritando:

— 1, 2, 3, Bisnaga!

O tempo foi passando, outros conseguiram ser salvos na brincadeira, mas ainda faltava uma pessoa: Marquinhos. Beto o procurava persistentemente atrás das árvores, na cantina, na quadra... Nada de encontrá-lo. Então, ele resolveu ir à biblioteca; entrou devagarinho e lá estava Marquinhos, o último que faltava, bem atrás da porta!

Imediatamente, Beto e Marquinhos começaram a correr o mais rápido que conseguiam para o pique. Aquele que chegasse por último perderia o jogo e teria de procurar os colegas na próxima rodada. Claro que nenhum deles queria isso; não à toa a competição foi disputadíssima! No fim, os dois chegaram ao ponto de partida ao mesmo tempo e gritaram:

— 1, 2, 3, Marquinhos!

Nesse momento, começaram uma discussão:

— Eu bati primeiro! — disse Beto.

— Não, eu que bati primeiro! — retrucou Marquinhos.

— Sai fora, Marquinhos! — gritou Beto.

Bisnaguinha, percebendo a briga, colocou-se entre os amigos e falou:

O FRUTO ESPECIAL: PAZ

— Calma, meninos! Não podemos continuar brincando desse jeito, precisamos de paz. Já que não sabemos quem chegou primeiro, eu posso ser o próximo a procurar o pessoal, e vocês dois se escondem. O que acham?

Beto e Marquinhos concordaram com a proposta, mas perceberam que tinham agido com grosseria e se entristeceram, arrependidos por aquela atitude. Além disso, todos ficaram um pouco tensos por conta da discussão que presenciaram, o que atrapalhou o clima de diversão. Ao perceberem o constrangimento que causaram, Beto e Marquinhos pediram desculpas um ao outro e aos amigos:

— Beto, me perdoe por ter sido mal-educado com você; foi mal. — disse Marquinhos.

— Marquinhos, eu também me deixei levar pela competição; não deveria ter gritado. Pessoal, nos perdoem por estragar a brincadeira? — continuou Beto.

— Nós perdoamos, sim. — Bisnaga respondeu, expressando compreensão — Vocês fizeram bem em reconhecer o erro e pedir perdão um para o outro e para nós. Agora, vão se esconder, antes que o recreio acabe!

Bisnaguinha agiu como um verdadeiro pacificador. Ele conseguiu restaurar a paz entre os seus amigos e a brincadeira continuou até o fim do intervalo. Todos se divertiram bastante.

REFLITA

1 Essa história trouxe à sua memória algum conflito pelo qual você passou?

2 Como você pode ser um pacificador?

3 Em Mateus 5.9, Jesus disse que quem busca a paz é feliz (isto é, bem-aventurado). Já parou para pensar sobre isso? Você se lembra de ter vivenciado alguma situação em que buscou paz e se sentiu feliz?

A BÍBLIA DIZ

DEVOCIONAL

Bem-aventurados os pacificadores, porque serão chamados filhos de Deus. (Mateus 5.9)

Você sabia que nós, filhos de Deus, devemos ser pacificadores? Fomos chamados para trazer paz em situações de conflito, sejam elas grandes ou pequenas. Ou seja, além de evitarmos brigas, também cabe a nós ajudar a solucioná-las. Um bom exemplo disso é quando fazemos um favor a outra pessoa, assim como Bisnaguinha fez.

No pique-esconde, ele foi o primeiro a ser salvo e não precisava procurar os colegas naquela rodada. Porém, para restaurar a paz, abriu mão de seu conforto e decidiu, espontaneamente, ser o pegador da vez no lugar de Beto ou Marquinhos, encerrando a discussão.

A solução para a briga foi bem simples, mas poderosa o suficiente para fazer com que os meninos refletissem sobre suas atitudes. Em alguns casos, precisaremos de um pouco mais de criatividade para agirmos como pacificadores. Por isso, devemos orar para que o Senhor nos ajude e nos capacite a trazer a paz, a justiça e a alegria do Reino de Deus (cf. Romanos 14.17) em toda e qualquer situação!

PERGUNTAS

1 Qual trecho desse devocional mais chamou a sua atenção? Copie-o aqui.

2 Como você pode aplicar esse aprendizado no seu dia a dia?

3 Você já falou com Deus hoje? Após essa leitura, escreva aqui uma oração, conforme o Espírito Santo o direcionar.

O FRUTO ESPECIAL: PAZ

DIA 12

ALÉM DE TODO ENTENDIMENTO

Bibi e sua mãe, tia Rosana, estavam no carro, e levavam sua amiga Carol de carona à escola. Mas, ao longo do percurso, a mãe de Bibi percebeu que havia algo estranho com Carol. Ela não estava falante e animada como era de costume. Pelo contrário, parecia tensa e angustiada.

Por isso, ela perguntou:

— Carolzinha, como você está se sentindo?

— Estou muito nervosa, tia! A semana de provas começa hoje e não quero tirar notas baixas! Olha só quanta coisa tenho de estudar: geografia, português, matemática... — falava isso enquanto contava as matérias nos dedos, expressando sua angústia.

— *Puxa*... É muita coisa mesmo! Esta semana está cheia de desafios, *né*? Mas tenha calma, querida! Sempre que preocupações surgirem, pare e ore. Já convidou Jesus para fazer as provas com você?

— Ainda não... — respondeu Carol, diminuindo o tom da voz. Ela estava tão focada nas tarefas a cumprir, que acabou se esquecendo de que poderia pedir ajuda ao seu amigo Jesus.

— Vamos orar, então? Fale o que está em seu coração agora, e eu tenho certeza de que Deus lhe ouvirá.

Com a ajuda de Bibi, que estava ao seu lado, Carol começou a orar, dizendo tudo que sentia, contando sobre seus medos e preocupações. Conforme fazia isso, o Senhor enchia seu coração de paz! Ela sentiu um grande alívio, como se um peso saísse dos seus ombros, e a expressão de seu rosto estava completamente diferente, com um sorriso e um ar de leveza.

Quando ela terminou sua breve conversa com Deus, tia Rosana lhe perguntou:

O FRUTO ESPECIAL: PAZ

— E agora, Carol, o que você está sentindo?

Ela respirou fundo e respondeu:

— Estou sentindo muita paz, tia! Tenho confiança em Jesus, sei que Ele está comigo e que vai me ajudar a ter calma na hora da prova, para que eu me lembre de tudo que estudei nos últimos dias.

Foi dessa forma que Carol aprendeu que, ainda que as situações ao redor não mudassem, era possível passar por todas elas em paz. Bastava falar com o Senhor e entregar as suas preocupações a Ele! Daquele dia em diante, ela tomou a decisão de sempre enfrentar as circunstâncias ao lado de seu grande amigo Jesus.

REFLITA

1. Como você está se sentindo agora? Existe alguma preocupação em seu coração?

2. O que Carol fez quando se sentiu angustiada?

3. Você quer receber a paz do Senhor? Que tal falar com Ele, dizendo tudo o que está em seu coração neste momento?

A BÍBLIA DIZ

DEVOCIONAL

Não fiquem preocupados com coisa alguma, mas, em tudo, sejam conhecidos diante de Deus os pedidos de vocês, pela oração e pela súplica, com ações de graças. E a paz de Deus, que excede todo entendimento, guardará o coração e a mente de vocês em Cristo Jesus. (Filipenses 4.6-7)

O grande segredo para nos sentirmos em paz é falarmos com Jesus, nosso amigo. E como podemos fazer isso? Orando! Assim como Carol, podemos colocar nossas preocupações e anseios diante do Senhor e, em troca, receber a Sua paz, que excede todo entendimento. Sabe quando uma pessoa passa por uma situação muito difícil, mas não se desespera? Ela tem uma paz que vem dos Céus. Aos nossos olhos, não entendemos como alguém consegue se sentir assim, uma vez que está passando por grandes desafios, porém é o Senhor quem cuida de seu coração.

Muitas vezes, os problemas não irão desaparecer na mesma hora em que orarmos, mas o nosso coração e mente estarão guardados no Senhor, e não se abalarão enquanto lidamos com as circunstâncias da vida. Carol ainda tinha de enfrentar o mesmo desafio: a semana de provas. Mas, ao entregar seus sentimentos a Deus, e compartilhar com Ele o que a preocupava, ela sentiu paz.

Depois de orarmos, também podemos declarar (falar em voz alta e com confiança) as verdades do Pai sobre as nossas vidas. Por exemplo, quando afirmamos: "Não tenho medo, pois Ele está comigo" (cf. Salmos 23.4), ou "Ele está no controle de todas as coisas" (cf. Mateus 10.29-31), estamos anunciando que Deus está sempre conosco, e que tem o poder para levar embora nossos medos e preocupações. Ao dizer e acreditar nisso, reconhecemos que o Senhor realmente cuida de nós e, por esse motivo, podemos viver totalmente em paz.

PERGUNTAS

1 Qual trecho desse devocional mais chamou a sua atenção? Copie-o aqui.

....

....

....

....

....

2 Como você pode aplicar esse aprendizado no seu dia a dia?

....

....

....

....

....

3 Você já falou com Deus hoje? Após essa leitura, escreva aqui uma oração, conforme o Espírito Santo o direcionar.

....

....

....

....

....

MÃOS À OBRA

DESAFIOS

Desafio 9: ESPANTE OS SEUS MEDOS!

É comum sentirmos medo de algo por não conhecermos aquilo muito bem. Por isso, liste todas as coisas que lhe causam medo e peça aos seus pais para pesquisarem como elas funcionam. Exemplo: se você tem medo de trovões, peça a eles que lhe expliquem o que é um trovão e como ele acontece. Foi Deus quem o criou, então existe um propósito para isso! Depois, ore ao Senhor para que leve embora esses medos e o encha de paz. Esse pode ser um modo de aprender coisas legais e ainda se sentir mais corajoso.

Desafio 10: DECLARE A BÍBLIA!

A Bíblia está repleta de promessas e verdades! Quando as recebemos, somos cheios de paz. Sendo assim, escolha um versículo que contenha uma promessa e declare sobre sua vida, alterando as conjugações verbais para a primeira pessoa do singular. Por exemplo: em Deuteronômio 31.8 está escrito: "O Senhor é quem irá à sua frente. Ele estará com você, não o deixará, nem o abandonará. Não tenha medo, nem fique assustado", mas você declarará: "O Senhor é quem irá à minha frente. Ele estará comigo, não me deixará, nem me abandonará. Não terei medo, nem ficarei assustado". Faça isso com quantas palavras bíblicas quiser. Quanto mais, melhor!

Desafio 11: ESFORCE-SE PARA VIVER EM PAZ COM TODOS!

Em Hebreus 12.14, a Palavra diz que precisamos procurar viver em paz com todos. Peça ao Espírito Santo para trazer à sua memória alguma situação que ficou mal resolvida ou alguém a quem você precisa perdoar ou pedir perdão, e faça as pazes. Tudo fica melhor quando estamos em paz com todos.

Desafio 12: SEJA UM PACIFICADOR!

Jesus disse que felizes são os pacificadores (cf. Mateus 5.9). Com isso em mente, pense nos pequenos ou grandes conflitos do seu dia a dia, seja em casa, na escola, ou ao brincar com seus amigos; então, ore pedindo por estratégias e soluções para essas situações. Seu amigo Jesus o ajudará a manter a paz em seu coração, mesmo nos momentos mais desafiadores, e colocará ideias criativas em sua mente para que você seja um verdadeiro pacificador.

VAMOS RESOLVER O CAÇA-PALAVRAS?

PROCURE AS PALAVRAS:
PAZ | GENEROSIDADE | CALMA | ESPÍRITO | AMIGOS

```
S H A R S P L E G A L S
G T X T P T R H I I H K
L L S A A H T Ó J U B Z
M E I W Z E T U X U H N
C I L E E N N H E I T C
A H O C O T L A E E M T
L N R O A M I G O S E B
M A T S O E R Y N B I R
A B A N O T C O A O E E
A Y C E S P Í R I T O E
G E N E R O S I D A D E
```

QUE TAL ESCREVER SEU VERSÍCULO FAVORITO DA SEMANA?

HORA DO EPISÓDIO

TEMPORADA 5: PAZ

DÊ VIDA AOS QUADRINHOS COM CORES LINDAS

DESENHE AQUI O QUE É PAZ PARA VOCÊ

O FRUTO ESPECIAL: PACIÊNCIA

DIA 13

PACIÊNCIA EM QUALQUER SITUAÇÃO

Faltavam poucos dias para a tão aguardada viagem em que Bisnaguinha e sua família visitariam seus parentes em Portugal. Ele não via a hora de isso acontecer, afinal estava com saudades de seus familiares, das comidas portuguesas e do clima europeu. No entanto, pensando em toda a preparação e no tempo que ficaria dentro do avião, Bisnaga ficou irritado. E, apesar de já ter passado por isso outras vezes, sentia que agora ele estava mais impaciente do que nunca.

Pouco depois, sua mãe pediu ajuda para arrumar as malas. Para isso, Bisnaga precisava separar tudo o que usaria nas próximas semanas, mas aquilo parecia perda de tempo. "Será que tenho mesmo de dobrar todas essas roupas?", questionou-se em pensamento. Com pressa, ele foi logo jogando tudo dentro da mala, e deu um jeito de fechar o zíper, deixando-a parecida com uma gigantesca bola de futebol.

O voo estava programado para o dia seguinte, mas, em vez de descansar, Bisnaguinha andava de um lado para o outro dentro do quarto, dando algumas espiadinhas no relógio da cômoda. Ao perceber a agitação lá dentro, seu pai foi conferir o que estava acontecendo, e achou aquela cena muito engraçada:

— Bisnaga, o que você está fazendo, filho? — disse ele, rindo — Você já deveria estar dormindo a essa hora! E o que é aquilo ao lado da sua cama? Não acredito que sua mala esteja tão desorganizada.

Sem parar de andar, Bisnaguinha respondeu:

— Papai, eu não aguento mais esperar! Parece até que o relógio do meu quarto está quebrado. E sobre a minha mala... bom, tenho tantas ideias para essa viagem, que ficar organizando todas as roupas só atrasaria meus planos.

O FRUTO ESPECIAL: PACIÊNCIA

— *Ora*, Bisnaga, olhe para mim! Respire um pouco. Lembra do dia em que fomos à nossa padaria e eu lhe mostrei como é o processo de crescimento do pão?

— Claro que sim, como poderia esquecer? Depois que ficou pronto, tinha um cheiro maravilhoso, uma textura tão fofinha, um sabor delicioso... Inclusive, será que tem algum sobrando lá na cozinha?

— Acalme-se e preste atenção! Antes de comer aquele pãozinho, tivemos de esperar com calma até que ele estivesse no ponto. Depois, ainda precisamos assá-lo e aguardá-lo esfriar o suficiente. Da mesma forma, nessa viagem, será necessário respeitar as etapas e ter paciência até chegarmos em Portugal. Se o próprio Jesus esperou trinta anos para iniciar o Seu ministério, nós também temos de ser pacientes, filho.

Bisnaguinha encarou o pai por alguns segundos e sentiu como um estalo em sua mente, como se tudo fizesse sentido. Ele olhou para sua mala bagunçada e percebeu o quanto estava cansado. Então pediu ajuda ao seu pai para finalizar os preparativos, e, logo depois, deitou-se na cama.

No dia seguinte, seu comportamento era outro, pois queria esperar o tempo certo para tudo, assim como Jesus. Mesmo com vontade de chegar logo, ele respirou fundo e permaneceu paciente até que todos embarcassem rumo à Europa!

REFLITA

1. Em quais situações você costuma ficar impaciente?

2. Nesses momentos, como você reage? Recorre aos seus pais, ora, ou só espera tudo passar?

3. Se estivesse no lugar de Bisnaguinha, o que você faria?

DEVOCIONAL

Espere no Senhor. Anime-se, e fortifique-se o seu coração; espere, pois, no Senhor. (Salmos 27.14)

Assim como o Bisnaguinha, quando ficamos impacientes, fazemos tudo sem pensar. Nesses momentos, temos a sensação de que as horas não passam, principalmente, quando queremos que algo aconteça logo — como saber o resultado de uma prova, uma viagem que faremos nas férias, a apresentação de um trabalho, e tantas outras situações.

Por outro lado, a Palavra de Deus nos diz que devemos esperar no Senhor! Até porque, se o nosso coração estiver escondido n'Ele, nada poderá tirar a nossa paciência. Mesmo assim, sabemos que, muitas vezes, ser paciente não é uma tarefa fácil, e que teremos de orar e pedir ajuda ao Espírito Santo para desenvolver esse fruto dentro de nós. Também, nesse processo, nunca podemos nos esquecer de que situações demoradas são oportunidades para nos tornarmos pessoas melhores!

Por isso, se você tem tido dificuldades para ser paciente, não tenha medo de pedir ao Senhor para ensiná-lo a ser assim. É possível até que Ele permita algumas situações na sua vida para que você exercite esse fruto, tornando-se cada vez mais parecido com Cristo.

PERGUNTAS

1 Qual trecho desse devocional mais chamou a sua atenção? Copie-o aqui.

2 Como você pode aplicar esse aprendizado no seu dia a dia?

3 Você já falou com Deus hoje? Após essa leitura, escreva aqui uma oração, conforme o Espírito Santo o direcionar.

O FRUTO ESPECIAL: PACIÊNCIA

ENSINANDO PACIENTEMENTE

DIA 14

Certo dia, Tatá estava muito cansada depois de ter ido à escola. Ela passou a tarde toda assistindo aulas complicadas e ficou exausta; por isso, o que mais queria era descansar. A questão é que, alguns dias antes, tinha prometido à Duda que a ensinaria a fazer uma ave de origami. Então, mesmo sem muita vontade, foi encontrá-la.

Chegando à casa de Duda, pegou os papéis e começou a explicar como se fazia um cisne. Porém, percebeu que, embora a amiga estivesse muito animada para aprender, não era tão boa com dobraduras. Depois de algumas tentativas, Tatá acabou perdendo a paciência e reclamando. Chegou até a bufar de raiva algumas vezes e pensar: "Como alguém não consegue entender algo tão simples?".

Quando Duda se deu conta de que a amiga estava irritada, disse:
— Tatá, acho que você não está sendo muito paciente comigo.

Tatá não respondeu nada e continuou zangada, queixando-se em pensamento: "Não acredito que a Duda disse isso!". Contudo, não demorou muito para que se sentisse incomodada com sua própria atitude e passasse a refletir. No mesmo instante, um versículo que havia lido há muito tempo veio ao seu coração. Era Efésios 4.2, que diz que devemos ser dóceis e pacientes, suportando uns aos outros em amor.

Foi por meio dessa situação que o Espírito Santo mostrou à Tatá exatamente o que aquelas palavras significavam, e ela reparou que tinha feito o contrário do que a Bíblia ensina. Sentiu-se envergonhada ao notar seu erro e, logo, pediu perdão à amiga.

— Perdão, Duda — disse Tatá, cabisbaixa. — Acho que realmente não fui muito paciente com você, não é? Estou bem cansada e acabei me irritando sem necessidade, mas entendo que fazer bichinhos de papel não é fácil no começo. Eu mesma não acertei de primeira!

O FRUTO ESPECIAL: PACIÊNCIA

— Tudo bem! Se você quiser, podemos fazer isso em outro dia.
— Não... Tenho uma ideia ainda melhor! Serei mais paciente agora, com certeza você aprenderá rapidinho.

E foi justamente isso o que aconteceu! Com a ajuda da amiga, que demonstrou paciência para ensinar, Duda conseguiu criar um lindo pássaro de origami em pouco tempo. Tudo o que Tatá precisava fazer era mudar seu comportamento, conforme o Espírito Santo falou em seu coração.

REFLITA

1. Você tem paciência para ensinar aquilo que sabe aos outros?

2. Consegue pensar em alguém com quem costuma não ser muito paciente? Se sim, como poderia melhorar a sua atitude?

3. Quem são as pessoas que, com muita paciência, sempre lhe ajudam a aprender coisas novas?

DEVOCIONAL

Por isso eu, o prisioneiro no Senhor, peço que vocês vivam de maneira digna da vocação a que foram chamados, com toda a humildade e mansidão, com longanimidade, suportando uns aos outros em amor, fazendo tudo para preservar a unidade do Espírito no vínculo da paz. (Efésios 4.1-3)

Muitas vezes, teremos dias cansativos e, com isso, podemos acabar sendo impacientes com amigos ou familiares. Porém, mesmo nessas horas, é muito importante lembrarmos daquilo que a Bíblia diz: fomos chamados para ser humildes, dóceis e pacientes, ajudando todos em amor.

É verdade que algumas pessoas levam mais tempo para aprender certas coisas do que outras, assim como Duda, que conseguiu fazer origamis só depois que Tatá a ajudou. No entanto, precisamos ser compreensivos com todos. Dia após dia, devemos nos atentar à voz do Espírito Santo, que nos direciona e conduz em cada situação. Desse modo, conseguiremos demonstrar paciência, seja com nossos pais, professores, vizinhos, ou qualquer outra pessoa.

Por mais que algumas situações sejam desafiadoras para nós, à medida que o Espírito fala ao nosso coração, guiando-nos conforme a Verdade da Palavra, podemos nos tornar cada vez mais parecidos com Jesus. Assim como Ele, devemos estar sempre dispostos a servir amorosa e pacientemente àqueles que estão por perto.

PERGUNTAS

1 Qual trecho desse devocional mais chamou a sua atenção? Copie-o aqui.

2 Como você pode aplicar esse aprendizado no seu dia a dia?

3 Você já falou com Deus hoje? Após essa leitura, escreva aqui uma oração, conforme o Espírito Santo o direcionar.

O FRUTO ESPECIAL: PACIÊNCIA

DIA 15

SENDO PACIENTE AO ENFRENTAR DESAFIOS

Em certa tarde, Leleco estava na casa de Bisnaguinha para passar um tempo brincando. Então Bisnaga se lembrou que tinha de entregar um trabalho da escola no dia seguinte, e teve uma ideia brilhante: pedir a ajuda do amigo para essa tarefa. Era uma atividade de artes, em que eles precisariam usar bastante cola e tinta para elaborar uma escultura de materiais recicláveis. Leleco concordou com a proposta do amigo e eles logo colocaram a mão na massa. Quando faltava pouco para terminarem, a mãe de Bisnaguinha, que estava ajudando os dois, precisou ir à cozinha para preparar o jantar, e disse:

— Meninos, antes de pintar, vocês precisam esperar a cola secar por, pelo menos, vinte minutos, senão as peças vão cair e a escultura irá se desmontar; tudo bem?

Eles concordaram, e tudo o que tinham de fazer era aguardar um pouco. Leleco esperou pelo que parecia ser um tempão, porém olhou para o relógio e percebeu que somente cinco minutinhos haviam se passado. Ele ficou impaciente com a demora, pois queria pintar o mais rápido possível, afinal de contas essa era a parte mais legal. Por essa razão, começou a se aproximar da tinta verde, que tanto gostava.

Ao ver o amigo bem perto da tinta, Bisnaguinha gritou:

— Leleco! O que você está fazendo? Nós precisamos aguardar mais um pouco!

— *Ah*, mas já esperamos por tanto tempo... a cola já deve ter secado! — retrucou Leleco.

Sem pensar duas vezes, ele pegou a tinta e deu uma boa pincelada na escultura. Leleco estava tão empolgado, que acabou utilizando o pincel com muita força e o trabalho se desmanchou! Bisnaguinha não podia acreditar no que viu acontecer e disse, indignado:

O FRUTO ESPECIAL: PACIÊNCIA

— Leleco, eu falei que deveríamos esperar! Agora teremos de montar tudo de novo!

E foi exatamente isso que fizeram. Quando terminaram de reconstruir a escultura e estavam esperando a cola secar, Leleco admitiu:

— Eu acho muito difícil ter paciência.

— Bem que eu percebi... Eu também tenho essa dificuldade! Mas li hoje de manhã, na Bíblia, que devemos ser pacientes na tribulação — respondeu Bisnaguinha.

— Tribulação? O que é isso? — perguntou Leleco.

— São momentos difíceis, quando precisamos lidar com alguma coisa que nos desafia. No seu caso, foi aguardar a cola secar e não poder usar a tinta antes disso. Eu, por exemplo, acho muito difícil esperar a comida ficar pronta, especialmente quando estou com fome! — Bisnaga explicou.

— Verdade, né? Eu me lembro de algumas vezes em que passei por momentos difíceis. Obrigado por me ajudar a entender sobre paciência, meu amigo Bisnaga!

Enquanto isso, os dois ficaram ali observando o trabalho, até que ele estivesse seco e, assim, pronto para ser colorido. Eles fizeram uma bela pintura e, finalmente, puderam ver uma escultura maravilhosa. Bisnaga e Leleco passaram por uma pequena tribulação, algo que os desafiou; mas o lado bom é que permaneceram calmos, aprenderam um pouco mais sobre paciência, e, no fim, foram recompensados com um belo resultado.

REFLITA

1. Você consegue pensar em algum momento difícil pelo qual já passou?

2. Nessas horas, você costuma ter paciência ou tomar alguma atitude precipitada como Leleco, que queria pintar a escultura antes de a cola secar?

3. Você acha difícil esperar pelas coisas que quer muito? Como você pode mudar isso?

DEVOCIONAL

Alegrem-se na esperança, sejam pacientes na tribulação e perseverem na oração. (Romanos 12.12)

Você já conhecia o significado da palavra tribulação? Talvez já tivesse escutado alguma vez ou lido em alguma passagem da Bíblia. De acordo com o dicionário, "tribulação", ou "atribulação", quer dizer uma grande aflição causada pelo sofrimento, ou ser surpreendido por uma adversidade, ou aborrecimento.[1]

Infelizmente, passaremos por momentos difíceis na vida, seja ao ter de esperar por algo que queremos muito durante um longo tempo, ou ao lidar com situações mais complicadas, como a perda de alguém, uma separação ou doença na família. Existem coisas que nos machucam profundamente, mas não precisamos passar por nenhum desafio sozinhos; podemos contar com o nosso amigo Jesus. Ore e peça Sua ajuda para superar as dificuldades com paciência, tranquilidade e paz.

O Senhor deseja estar sempre ao nosso lado, fortalecendo-nos em momentos ruins e celebrando nossas conquistas. É por esse motivo que podemos nos alegrar na esperança de que dará tudo certo no final, e sermos pacientes, mesmo que pareça impossível esperar pelo que queremos. Nunca deixe de orar e pedir ao Espírito Santo que o ajude a desenvolver mais paciência, pois com Jesus conseguiremos enfrentar grandes desafios e vencer todos eles!

....

[1] ATRIBULAÇÃO. *In:* DICIONÁRIO Michaelis *on-line*. São Paulo: Melhoramentos, 2022. Disponível em https://michaelis.uol.com.br/moderno-portugues/busca/portugues-brasileiro/atribula%C3%A7%C3%A3o/. Acesso em maio de 2022.

PERGUNTAS

1 Qual trecho desse devocional mais chamou a sua atenção? Copie-o aqui.

2 Como você pode aplicar esse aprendizado no seu dia a dia?

3 Você já falou com Deus hoje? Após essa leitura, escreva aqui uma oração, conforme o Espírito Santo o direcionar.

O FRUTO ESPECIAL: PACIÊNCIA

COMO DEMONSTRAR PACIÊNCIA

DIA 16

Carol acordou animadíssima, pois aquele seria mais um dia em que participaria de um projeto muito especial na escola. No início do ano, sua professora deu à turma a tarefa de cuidar de uma bela plantinha! Nos primeiros dias, ninguém conseguia ver nada no vaso onde a semente foi enterrada, mas todos aguardavam pelo momento em que as primeiras raízes apareceriam. E como um bom tempo se passara desde o começo do projeto, um pequeno galho havia nascido, e ele crescia de forma saudável.

Ao longo dos meses, cada aluno ficou responsável por observar e cuidar daquela planta, e agora era a vez de Carol. O desejo de seus colegas era ver as folhas brotando e Carol tinha esperanças de que isso aconteceria nas próximas semanas. Por isso, ela cumpria a sua função todos os dias, e, mesmo que não gostasse tanto assim de mexer com a terra, estava feliz.

Contudo, os dias foram se passando e sempre que Carol olhava para a janela de sua sala, percebia que a planta continuava exatamente igual ao dia anterior. Estava quase na hora de passar a sua responsabilidade para outro colega, e nem sequer uma folhinha aparecia. Então ela começou a reclamar:

— É uma farsa! Essa planta nunca vai crescer!

Entretanto, ao contar seu drama para Bibi, percebeu que sua amiga não concordava:

— Carol, você não pode desistir assim! Sabe aquelas árvores bonitas e grandes que vemos no parque? Quanto tempo você acha que elas demoraram para crescer? Foram dias, meses, anos! Elas precisaram receber a chuva e o cuidado dos jardineiros por muito tempo. Tudo o que é forte e belo depende de paciência.

O FRUTO ESPECIAL: PACIÊNCIA

— Eu não quero mais saber dessa planta, Bibi. Nunca verei suas folhas crescerem. A professora nos enganou! — respondeu Carol, totalmente desanimada.

— Você precisa ser paciente! Só porque não está vendo, não significa que nada está acontecendo. Continue cuidando da plantinha, e, logo, você a verá crescer! — insistiu Bibi.

Carol ainda não estava convencida, mas sabia que o conselho de Bibi fazia sentido. Assim, ela continuou regando a planta, e, mesmo desconfiada, aguardou com paciência. E não é que, na semana seguinte, as primeiras folhas começaram a brotar? Aliás, eram muitas, e até davam trabalho para cuidar.

REFLITA

1 Você tem dificuldade para ser paciente durante esperas longas?

2 Consegue se lembrar de um projeto que começou mas não conseguiu finalizar? Se sim, você acredita que, se tivesse um pouquinho mais de paciência, teria conseguido?

3 Existe alguma coisa que você tenha vontade de fazer, mas não inicia, pois acha que não terá paciência para ir até o final? Se isso acontece, escreva em um caderno aquilo que pode estar impedindo você de fazê-lo e o modo como deve lidar com essa situação.

DEVOCIONAL

E não nos cansemos de fazer o bem, porque no tempo certo faremos a colheita, se não desanimarmos. (Gálatas 6.9)

Imagine que, assim como Carol, você tenha uma planta para cuidar, só que, no lugar de folhas, esteja esperando que ela dê os seus primeiros frutos. Existe apenas uma condição para isso: você precisa regá-la todos os dias, sem falhar uma única vez. Tenho certeza de que, se soubesse que algo aconteceria, você se esforçaria a cada manhã cuidando dela pacientemente, não importando o quanto demorasse. Afinal, os frutos, com certeza, seriam deliciosos!

Da mesma maneira, se quisermos alcançar qualquer objetivo, isso vai nos custar paciência. Muitas vezes, não sentiremos vontade de insistir nessa atividade — seja praticar um instrumento, ler um livro, ou aprender a andar de bicicleta, por exemplo. Mas é muito importante perseverarmos com paciência e esperança na alegria que o resultado nos dará!

Por isso, não deixe de pedir a ajuda de Deus para permanecer animado e constante em qualquer situação. Na hora certa, assim como a plantinha da Carol deu suas primeiras folhas, você também verá coisas lindas nascerem.

PERGUNTAS

1 Qual trecho desse devocional mais chamou a sua atenção? Copie-o aqui.

....
....
....
....
....

2 Como você pode aplicar esse aprendizado no seu dia a dia?

....
....
....
....
....

3 Você já falou com Deus hoje? Após essa leitura, escreva aqui uma oração, conforme o Espírito Santo o direcionar.

....
....
....
....
....

MÃOS À OBRA

DESAFIOS

Desafio 13: SIRVA A ALGUÉM...
Escolha um familiar ou amigo próximo e passe tempo servindo e ajudando essa pessoa. Seja paciente, compreensivo e tente entender os gostos e dificuldades dela, ensinando aquilo que sabe e, ao mesmo tempo, mantendo o coração aberto para aprender.

Desafio 14: ORE E SEJA PACIENTE PARA DESENVOLVER UM BOM HÁBITO!
Pense em algo que você gostaria de transformar em um hábito na sua vida, porém ainda não conseguiu. Pode ser o costume de ler todos os dias, fazer seu devocional de manhã ou praticar um instrumento musical; esses são apenas alguns exemplos. Agora, por meio de uma oração, comprometa-se a cumprir essa tarefa pelos próximos vinte e um dias, no mínimo. Isso vai ajudá-lo a transformar essa prática em parte da sua rotina.

Desafio 15: ESPERE COM PACIÊNCIA E VERÁ UMA PLANTINHA...

Pegue uma bolinha de algodão e cinco grãos de feijão. Molhe o algodão e coloque os grãozinhos dentro dele. Insira sua pequena plantação em um copo ou pote pequeno. Depois, encontre um local em seu quarto para deixá-lo e seja responsável pelo crescimento de sua planta. Cuide dela com carinho, regando-a todos os dias. Aguarde o tempo que for necessário, até o momento em que as folhinhas brotarão.

Desafio 16: SEJA PACIENTE PARA CONHECER ALGUÉM!

Que tal fazer um novo amigo? Durante a próxima semana, tente se aproximar de alguém que você não conhece muito bem. Seja sempre paciente, ouvindo o que essa pessoa tem a dizer, e expresse o amor de Jesus. Pode ser que vocês descubram que gostam de muitas coisas em comum e se tornem grandes amigos!

VAMOS RESOLVER O CAÇA-PALAVRAS?

PROCURE AS PALAVRAS:

AMIZADE | CARÁTER | PERDÃO | SALVADOR | SANTIDADE

```
R T R H F B I T L O T N
S H E S A N T I D A D E
A F E T L T A A G T U T
S E P L S I D G D E I G
C R T U U I A A W V G P
A T I R H O M T F O R A
R I T R G S I O Y Ó S F
Á R U R W E Z D P E N T
T E S A L V A D O R E H
E E V P E R D Ã O O H N
R R M E U O E G U C E T
```

QUE TAL ESCREVER SEU VERSÍCULO FAVORITO DA SEMANA?

HORA DO EPISÓDIO

TEMPORADA 7: PACIÊNCIA

DÊ VIDA AOS QUADRINHOS COM CORES LINDAS

DESENHE AQUI O QUE É PACIÊNCIA PARA VOCÊ

MANDOU BEM!

O FRUTO ESPECIAL: BENIGNIDADE

DIA 17

SENDO BENIGNO

Em um dia muito quente de verão, Leleco teve a ideia de chamar os seus amigos para irem à piscina do clube e se refrescarem. Depois do convite feito à turma, todos rapidamente vestiram suas roupas de banho, pegaram os brinquedos e correram para se jogar na água. Tudo estava superdivertido! Mas, de repente, Leleco e Carol começaram a disputar pelo único brinquedo inflável que havia ali. Cada um o puxava de um lado.

— Carol, eu vi o tigre primeiro! — disse Leleco.

— Mas eu corri mais rápido e peguei antes de você! — respondeu Carol.

Ao verem isso, as outras crianças tentaram acalmar a situação, concordando que os dois poderiam brincar juntos com o tigre inflável. Carol, porém, ainda muito irritada, decidiu abrir mão do brinquedo e disse ao Leleco:

— Quer saber? Fique com esse tigre sem graça! Ele é tão feio quanto você! — e soltou o brinquedo de uma vez.

Leleco, que estava à beira da piscina, perdeu o equilíbrio, caiu de costas e respingou água por todos os lados. No mesmo instante, tia Ju foi verificar o que estava acontecendo, já que era possível ouvir o barulho da turma por todo o clube.

— O que vocês estão fazendo? — ela perguntou enquanto, rapidamente, ajudava Leleco a sair da piscina.

Os dois, envergonhados, olharam para a tia Ju.

— Não é possível que estou vendo uma coisa dessas... uma briga? Vocês são filhos de Deus, não podem agir assim! — disse ela.

— Mas tia Ju... — interrompeu Carol.

— Sem "mas"! A única coisa que quero ouvir são sinceras desculpas de um ao outro! — continuou tia Ju.

Eles se olharam e, logo, Duda falou:

— É verdade! Pessoas benignas não guardam rancor no coração!

O FRUTO ESPECIAL: BENIGNIDADE

— *Beni...* o quê? — perguntou Leleco, confuso.

— Benignas! — Duda e Bibi falaram juntas.

— Pessoas benignas têm benignidade, que é uma das características do fruto do Espírito Santo, lembra? Ser benigno é ser do bem! E tem tudo a ver com o nosso interior, ou seja, nossas intenções, sentimentos e pensamentos... Jesus, por exemplo, é benigno! Ele sempre tem boas intenções, bons sentimentos e bons pensamentos a nosso respeito! — explicou Duda.

— Isso mesmo! E Ele está sempre disposto a fazer o bem. — continuou Bibi — Um exemplo disso é que Ele nos perdoou, nos tornando livres de todos os nossos pecados, e decidiu fazer isso mesmo sabendo o alto preço que teria de pagar na Cruz! Então, dois amigos como vocês não podem ficar zangados assim por conta de um simples brinquedo inflável. Pelo contrário, vocês precisam fazer o bem um ao outro e se perdoarem! — ela concluiu.

Os dois ouviram atentamente e, Carol, pensando que, além de tudo, poderia ter machucado Leleco, pediu perdão por seu comportamento. Leleco fez o mesmo, reconhecendo que também havia errado. No fim, todos ficaram muito felizes e, juntos, foram tomar sorvete para comemorar a reconciliação dos amigos, que aprenderam, naquele dia, a ser mais benignos.

REFLITA

1 Se você estivesse no lugar da Carol ou do Leleco nessa história, teria feito algo diferente?

2 Sabia que uma pessoa benigna perdoa os outros? Você costuma perdoar ou acha isso muito difícil?

3 Qual foi a última vez que você foi benigno com alguém?

DEVOCIONAL

Pelo contrário, sejam bondosos e compassivos uns para com os outros, perdoando uns aos outros, como também Deus, em Cristo, perdoou vocês. (Efésios 4.32)

Ao longo da vida, talvez tenhamos conflitos com as pessoas ao nosso redor. É provável que você mesmo já tenha discutido com um amigo, colega ou com alguém de sua família. E, às vezes, em momentos como esses, ficamos nervosos e até chegamos a dizer coisas que machucam os outros. Contudo, como o Espírito Santo habita em nós, devemos nos livrar de todo sentimento ruim, pedindo perdão e perdoando também. Quem é benigno sempre perdoa! Mas você sabe o que significa a benignidade?

Aquele que está sempre disposto a fazer o bem ao próximo é benigno, pois expressa um caráter excelente, transmite calma, generosidade e doçura, tanto em palavras como em ações. Então, a benignidade diz respeito ao nosso interior. Sendo assim, não podemos guardar mágoas ou viver com raiva. Ao invés disso, a Bíblia nos ensina a perdoar e fazer o bem, seguindo o exemplo de Jesus.

Talvez você pense que a pessoa que nos machuca com palavras, por exemplo, mereça receber uma resposta dura. Mas a verdade é que pagar o mal com mal só piora as coisas. Como vimos, tudo foi resolvido quando Carol e Leleco decidiram agir com benignidade um com o outro. É isto que o Senhor deseja de nós: que sejamos benignos, agindo sempre com misericórdia, gentileza e compaixão, assim como Ele.

PERGUNTAS

1 Qual trecho desse devocional mais chamou a sua atenção? Copie-o aqui.

....

....

....

....

....

2 Como você pode aplicar esse aprendizado no seu dia a dia?

....

....

....

....

....

3 Você já falou com Deus hoje? Após essa leitura, escreva aqui uma oração, conforme o Espírito Santo o direcionar.

....

....

....

....

....

O FRUTO ESPECIAL: BENIGNIDADE

BOM E GENEROSO

DIA 18

Em uma manhã de junho, uma frente fria invadiu a Rua G5.2. Como sempre, Bibi acordou empolgada para ir à escola. Só que, mesmo usando seu pijama quentinho de unicórnio, sentiu muito frio ao sair da cama e logo desanimou:

— *Nossa*, mamãe, que frio! Eu não quero ir para a escola! — disse Bibi.

Sua mãe, então, respondeu carinhosamente:

— Filha, você precisa ir... Não pode faltar só porque está frio. Vista um casaco e tudo ficará bem!

Bibi concordou com sua mãe e foi se arrumar bem rápido, pois já estava quase na hora de sair. Enquanto se preparava, pensou em tudo de bom que poderia viver na escola naquele dia: aprender coisas novas, encontrar seus queridos amigos e colegas, comer um lanche gostoso... Então a sua empolgação voltou com tudo! Para garantir que não passaria frio, ela pegou suas luvas coloridas e fofinhas, vestiu duas blusas de tricô e, por cima, colocou o casaco mais quente que tinha.

Depois de um dia superdivertido, Bibi estava voltando para casa com a sua mãe quando, de repente, sentiu algo diferente em seu coração. Ela teve a impressão de que Deus queria que ela fizesse algo novo; então, surgiu em sua mente a ideia de doar seu casaco a alguém. Logo em seguida, viu uma garota, mais ou menos da sua idade, que tremia, sentada na calçada. Ela tentava se aquecer, porém não tinha uma blusa sequer.

— Mamãe, olhe aquela menina! Por que ela não está usando um casaco? Parece que está com muito frio — disse Bibi aflita ao observar aquela cena.

— Algumas pessoas não têm dinheiro para comprar agasalhos, Bibi. Talvez os pais dela estejam nessa condição — respondeu sua mãe com tristeza na voz.

O FRUTO ESPECIAL: BENIGNIDADE

O Espírito Santo falou ao coração de Bibi de modo que ela se compadeceu e desejou fazer algo por aquela menina. Num primeiro instante, pensou em doar o seu casaco, que vestia por cima das blusas de tricô, mas refletiu: "Se eu entregar meu agasalho, nunca mais poderei usá-lo, e ele é tão fofinho!". Sua mãe, ao vê-la hesitante, perguntou:

— O que você quer fazer, filha?

— Podemos comprar um casaco e trazer para ela, mamãe? — pediu Bibi.

— Até poderíamos fazer isso, porém não sabemos se a encontraremos depois. Acredito que, se quiser ajudá-la, precisa fazer algo neste momento — respondeu sua mãe.

Bibi olhou para o seu casaco novamente, mas, dessa vez, estava decidida a entregá-lo. Então correu até a garota e, gentilmente, perguntou se ela aceitaria aquele agasalho como um presente. A menina o recebeu com alegria e logo o vestiu.

— Obrigada, esse casaco é muito quentinho! — agradeceu sorrindo.

Bibi voltou ao encontro de sua mamãe que, orgulhosa, abraçou-a e disse:

— Talvez você não fique tão quentinha agora, por mais que ainda esteja com outras blusas. Porém logo estará em casa e poderá se cobrir com muitos cobertores, e até tomar um delicioso chocolate quente com biscoitos! Lembre-se, filha: às vezes, vale a pena enfrentarmos certas dificuldades para ajudar alguém e, assim, expressar o amor de Jesus! Ele nos orienta a sermos benignos como Ele; e hoje você demonstrou benignidade com a sua atitude generosa.

Naquele dia, Bibi se sentiu muito alegre por seguir os passos do Senhor. Ela aprendeu, na prática, que ouvir a Sua voz é a coisa mais importante de todas, e que Ele sempre nos ajuda a revelar Seu amor!

A BÍBLIA DIZ

DEVOCIONAL

Ora, se alguém possui recursos deste mundo e vê seu irmão passar necessidade, mas fecha o coração para essa pessoa, como pode permanecer nele o amor de Deus? (1 João 3.17)

Quando aceitamos Jesus como Senhor e Salvador, e o Espírito de Deus vem morar em nós, somos capazes de ter a benignidade como uma característica. Uma pessoa benigna tem um coração cheio de carinho, respeito e generosidade. Ela se preocupa com o próximo, consegue chorar com os que choram, alegrar-se com os que se alegram (cf. Romanos 12.15) e se compadece por quem está em situação difícil.

A Bíblia também afirma que Deus nos abençoou de todas as formas para que sejamos generosos uns com os outros em qualquer circunstância (cf. 2 Coríntios 9.11). Assim, não podemos segurar as bênçãos apenas para nós. Pelo contrário, tudo o que Ele nos proporciona deve nos levar a praticar a benignidade aos outros, revelando o coração amoroso do Senhor para as pessoas desta Terra.

Ser benigno pode nos custar algo, mas devemos nos lembrar de que Jesus sempre demonstra benignidade para conosco. Não só isso, mas Ele usa a nossa vida para revelar Seu amor a quem nos cerca. Ouça a voz do Espírito Santo e faça aquilo que Ele diz, pois o Senhor fala aos nossos corações, dando-nos ideias e inspiração para sermos generosos com nossos amigos, familiares e até pessoas que nem conhecemos. Como é bom ouvir e obedecer a Deus!

PERGUNTAS

1 Qual trecho desse devocional mais chamou a sua atenção? Copie-o aqui.

....

....

....

....

....

2 Como você pode aplicar esse aprendizado no seu dia a dia?

....

....

....

....

....

3 Você já falou com Deus hoje? Após essa leitura, escreva aqui uma oração, conforme o Espírito Santo o direcionar.

....

....

....

....

....

O FRUTO ESPECIAL: BENIGNIDADE

FAZENDO O BEM, NÃO IMPORTA A QUEM

DIA 19

Em um belo dia, Leleco chegou ao parquinho com um pacote de sua bala preferida, que havia acabado de ganhar. Bibi já estava lá e, quando o viu, correu para falar com ele. Ao se aproximar, reparou que o amigo segurava aquele pacote enorme e disse:

— Leleco, essas balas parecem muito gostosas! Posso provar uma?

— Não, Bibi! Ganhei as balas e elas são só para mim! — respondeu Leleco, tentando enganar a amiga.

— Mas o pacote está cheio, e eu fiquei com tanta vontade... Você não está mentindo só para não dividir, *né*?! — Bibi insistiu.

— É que a minha tia me deu com muito amor. Se eu dividir, vou ficar com menos balas e ela vai me perguntar se eu comi tudo — Leleco respondeu enquanto saía.

Bibi foi embora muito triste, pois, no fundo, esperava mais generosidade e empatia de seu amigo. Enquanto caminhava pelo parquinho e pensava em tudo o que havia acontecido, viu uma banca que vendia doces e foi até lá para comprar um chocolate. Esse era seu doce preferido e, para sua sorte, havia uma promoção naquele dia: quem comprasse um chocolate, ganharia outro! Ela ficou muito feliz e foi reencontrar seu amigo.

— Leleco! — exclamou Bibi — Olha, eu comprei um chocolate e ganhei outro! Você acredita?

Bibi até pensou em agir como ele e não compartilhar os chocolates, porém mudou de ideia ao sentir o Espírito Santo falar as seguintes palavras ao seu coração: "Jesus foi ofendido por muitas pessoas, mas não Se vingou. Pelo contrário, Ele perdoou a todos e compartilhou a Sua herança!".

Então, ela rapidamente deu um dos chocolates para o seu amigo.

O FRUTO ESPECIAL: BENIGNIDADE

— Mas Bibi... eu não quis compartilhar minhas balas com você e, mesmo assim, ganhei chocolate? — perguntou Leleco surpreso.

— Sim, Leleco! Jesus nos ensina a sermos bondosos, ainda que os outros tenham feito algo ruim para nós. Além disso, somos amigos, e fico muito feliz por poder compartilhar o que tenho com você.

Enquanto comiam os chocolates, o Espírito Santo agiu no coração de Leleco também, que se arrependeu por ter se comportado daquela forma, e disse:

— Bibi, me desculpe. Fui muito egoísta. Você é minha amiga, e eu deveria ter compartilhado minhas balas com você. De agora em diante, serei mais generoso! Aprendi muito com você hoje, obrigado!

Naquele mesmo instante, o Espírito Santo falou novamente ao coração de Bibi, dizendo: "Quando você é benigna com as pessoas, elas entendem o quão benigno Eu Sou, pois você é Minha imagem e semelhança!". Aquela foi uma tarde de muito aprendizado para os dois, que ficaram o resto do dia brincando e se divertindo no parquinho.

REFLITA

1. Alguma vez você já agiu como o Leleco e não quis dividir algo com seus amigos?

2. De que maneira Bibi demonstrou benignidade nessa história?

3. Se você passasse por uma situação parecida com a de Bibi, como agiria?

DEVOCIONAL

Finalmente, tenham todos o mesmo modo de pensar, sejam compassivos, fraternalmente amigos, misericordiosos, humildes. Não paguem mal com mal, nem ofensa com ofensa [...]. (1 Pedro 3.8-9)

Qual é a primeira coisa que vem à sua mente quando alguém o decepciona? Será que a sua reação é responder do mesmo jeito? A Palavra de Deus ensina que nunca devemos "pagar" o mal com a mesma "moeda", mas, sim, com o bem (cf. Romanos 12.21). Bibi, no primeiro momento, pensou em não dividir seu chocolate com Leleco, já que ele a havia decepcionado. Contudo, o Espírito Santo a convenceu de que agir com benignidade era o melhor caminho, afinal, o fruto que Ele produz em nós não depende de como as pessoas se comportam conosco.

Além disso, apenas um vidro que está quebrado é capaz de cortar, não é? Quando ele está inteiro, não nos machuca, mas, quando quebra, torna-se perigoso. O mesmo acontece quando estamos magoados; somos capazes de ferir todos ao nosso redor, mesmo sem querer. Em situações de discussão com pessoas que nos machucaram, parece mais fácil responder com a mesma violência, mas Jesus nos pede para sermos benignos. Isso significa que devemos ser compassivos, misericordiosos e bondosos sempre.

Uma pessoa compassiva é aquela capaz de chorar com quem chora (cf. Romanos 12.15), porque sente a dor do outro como se fosse a sua. Às vezes, o que nos falta é tentarmos entender o motivo pelo qual alguém age de forma má conosco. Isso é agir com benignidade. Nós não só podemos, mas devemos pedir ajuda ao Espírito Santo, para que Ele nos dê sabedoria para lidarmos com quem nos chateia ou fere. Pois, quando somos benignos uns com os outros, obedecemos aos mandamentos do Senhor e à Sua Palavra, e isso alegra o Seu coração!

PERGUNTAS

1 Qual trecho desse devocional mais chamou a sua atenção? Copie-o aqui.

....

....

....

....

....

2 Como você pode aplicar esse aprendizado no seu dia a dia?

....

....

....

....

....

3 Você já falou com Deus hoje? Após essa leitura, escreva aqui uma oração, conforme o Espírito Santo o direcionar.

....

....

....

....

....

O FRUTO ESPECIAL: BENIGNIDADE

DIA
20

O MAIOR EXEMPLO DE BENIGNIDADE

Em uma sexta-feira à tarde, Bisnaguinha e Bibi foram brincar na quadra da Rua G5.2. Ao chegarem lá, viram um menino sentado no chão com uma expressão estranha no rosto. Eles ficaram preocupados e foram falar com ele.

— Oi, qual é o seu nome? Você está bem? — perguntou Bisnaguinha gentilmente.

— Oi, meu nome é Matheus, e não... não estou me sentindo muito bem hoje; meu joelho está doendo muito. Não consigo nem brincar — respondeu o garoto, triste.

Como Bibi e Bisnaga tinham Deus no coração e sabiam como Ele é bom e deseja coisas boas para todos nós, logo tiveram a ideia de orar, pedindo por cura sobre o novo amigo. Então Bibi disse:

— Se quiser, nós podemos orar para que o Senhor cure você!

— Orar? Como assim? — perguntou Matheus.

— Sim, vamos pedir a Deus que Ele leve embora toda a dor que você está sentindo agora — respondeu Bibi.

— Mas por que Deus faria isso? — o menino questionou, um pouco confuso.

— Porque Ele quer o melhor para você. — Bisnaguinha disse — A verdade é que Ele o ama muito, e não quer que você sofra por conta de uma dor ou por qualquer outro motivo. Deus Se importa com o que sentimos e Se compadece de nós. Além do mais, Ele é muito poderoso, capaz de curar toda e qualquer doença!

Matheus pensou por um momento e aceitou a proposta.

— Está bem, vocês podem orar. Nunca ouvi falar sobre nada disso, mas eu não aguento mais essa dor.

Então Bibi e Bisnaguinha oraram no nome de Jesus, declarando cura sobre ele. Quando terminaram a oração, Matheus abriu os olhos muito surpreso.

O FRUTO ESPECIAL: BENIGNIDADE

— O que aconteceu? Não estou sentindo mais nenhuma dor! Como vocês fizeram isso? — perguntou em choque.

— Não fizemos nada, foi o Senhor Jesus que curou você! Somente Ele tem o poder de acabar com toda dor e doença! — respondeu Bibi.

— Eu nunca vi nada igual. — Matheus explicou — Pessoal, que coisa estranha! Na verdade, é algo bom e diferente! Sinto como se um calor estivesse tomando conta do meu coração, sabe?! Não estou entendendo nada!

Bisnaguinha ficou muito alegre e entusiasmado, pois sabia exatamente o que estava acontecendo, por isso disse:

— É o Espírito Santo, Ele está tocando o seu coração agora!

O menino ficou maravilhado e pediu que eles falassem mais sobre o que tinha experimentado. Então, ouviu tudo com atenção e, ao final da conversa, Bibi perguntou se ele queria aceitar Jesus como Senhor e Salvador de sua vida. E, para a alegria de todos, o pequeno Matheus disse "sim". Com a ajuda de Bisnaguinha e Bibi, ele orou entregando sua vida a Cristo.

— Meus parabéns! Hoje você recebeu Jesus no seu coração! — disse Bibi.

Eles continuaram brincando e, ao mesmo tempo, falavam mais sobre Cristo e ensinavam ao Matheus sobre a nova vida que ele teria com o Senhor! Estavam muito felizes, pois, como tinham benignidade em seus corações, atentaram-se ao menino que parecia triste e compartilharam com ele o melhor tesouro que podemos ter nessa vida: Jesus, nosso Senhor e Salvador!

REFLITA

1. Você costuma reparar em como estão as pessoas ao seu redor, igual a Bibi e Bisnaguinha fizeram ao perceberem que Matheus estava triste?

2. Você acredita na benignidade e no poder de Deus para curar os enfermos?

A BÍBLIA DIZ

DEVOCIONAL

Ao ouvir estas palavras, Jesus ficou admirado com aquele homem e, voltando-se para o povo que o acompanhava, disse: — Eu lhes digo que nem mesmo em Israel encontrei fé como esta. E, quando os que tinham sido enviados voltaram para casa, encontraram o servo curado. (Lucas 7.9-10)

Benignidade é uma das características do nosso Deus. Ele ama o bem, alegra-Se com a justiça, é humilde, não guarda rancor e está sempre disponível para nós. A maior expressão de benignidade de Deus foi o sacrifício de Jesus (cf. Tito 3.4), que nos possibilitou sermos perdoados de nossos pecados (cf. Efésios 1.7) e chamados de Seus filhos (cf. 1 João 3.1). Além disso, somos presenteados com Suas bênçãos sobre nossas vidas diariamente. Por exemplo, o ar que respiramos, nossa família, nossa saúde, nossa casa, nossos amigos e tudo o que temos de bom nos foi dado porque Deus é benigno.

Quando entendemos que o Senhor é cheio de benignidade, compreendemos também que Ele Se interessa pelos nossos sentimentos e deseja sempre o melhor para nós. Além disso, aprendemos que essa característica de Deus deve ser compartilhada com todos. Então, assim como Bibi e Bisnaguinha, nós podemos fazer com que as pessoas conheçam o coração benigno do Pai por meio de nossas vidas, levando-as a terem encontros reais com Ele.

Sendo assim, quando sentimos o desejo de ajudar nossa família e amigos sem esperar nada em troca, quando respeitamos as diferenças entre as pessoas, vivemos em harmonia e amor com todos, ou quando queremos socorrer alguém que está doente, estamos sendo benignos como Ele é e como espera que sejamos.

PERGUNTAS

1 Qual trecho desse devocional mais chamou a sua atenção? Copie-o aqui.

....
....
....
....
....

2 Como você pode aplicar esse aprendizado no seu dia a dia?

....
....
....
....
....

3 Você já falou com Deus hoje? Após essa leitura, escreva aqui uma oração, conforme o Espírito Santo o direcionar.

....
....
....
....
....

MÃOS À OBRA

DESAFIOS

Desafio 17: SEJA BENIGNO TODOS OS DIAS!
Sabia que nós, cristãos, devemos obedecer à vontade do Senhor, revelada em Sua Palavra? Ela nos ensina a praticar atos de benignidade, demonstrando misericórdia, gentileza e compaixão uns aos outros. Por isso, todos os dias, antes de sair de casa, leia pelo menos um versículo da Bíblia. Ore, também, pedindo ao Espírito Santo que o ajude a ser benigno com as pessoas ao seu redor.

Desafio 18: GENEROSIDADE EM AÇÃO!
O Senhor nos abençoou para sermos generosos com os nossos irmãos (cf. 2 Coríntios 9.11). Quando compartilhamos o que temos, demonstramos benignidade e revelamos o amor de Deus por meio de nossas atitudes. Pensando nisso, quando você ganhar ou comprar alguma coisa deliciosa, como balas e chocolates, não coma sozinho. Ao invés disso, escolha um ou dois amigos e reparta seus doces com eles.

Desafio 19: O PERDÃO E A BENIGNIDADE...

Precisamos perdoar aos outros, pois, além de ser um mandamento do Senhor, essa é a atitude de uma pessoa benigna. Por isso, pense em alguém que o magoou ou que brigou com você recentemente. Em seguida, ore ao Espírito Santo para que Ele o ajude a perdoar de verdade. Diga: "Senhor, eu perdoo essa pessoa. Peço perdão também pelo que fiz de errado. Não quero mais ter sentimentos ruins no meu coração em relação ao que aconteceu".

Desafio 20: NÃO HÁ ESPAÇO PARA MALIGNIDADE EM UM CORAÇÃO BENIGNO!

Onde há benignidade não pode existir malignidade. Não podemos jamais responder com a mesma "moeda" quando nos machucam. Por isso, durante toda essa semana, ore declarando bênçãos sobre a vida de alguém que o magoou ou decepcionou. Por exemplo, declare sobre essa pessoa um dia abençoado, alegre e cheio de diversão. Além disso, seja gentil com ela. Você pode oferecer ajuda, fazer um elogio ou até mesmo compartilhar alguma coisa legal.

VAMOS RESOLVER O CAÇA-PALAVRAS?

PROCURE AS PALAVRAS:

**BONDADE | LONGANIMIDADE | ESPERANÇA | DESCANSO
DIVERTIDO | FAMÍLIA**

```
E T O D E S C A N S O Y A
D A S N E O L N P I E O D
R I N O S E R E X R F D W
T P V R P E T E D I A G R
S N O E E T T S A E M H T
E I C E R C O L T I Í T T
R G E T A T T T A A L R V
A A S R N L I H S M I U W
I T R O Ç D H D N H A E N
B O N D A D E E O R A O O
L O N G A N I M I D A D E
```

QUE TAL ESCREVER SEU VERSÍCULO FAVORITO DA SEMANA?

HORA DO EPISÓDIO

TEMPORADA 2: BENIGNIDADE

DÊ VIDA AOS QUADRINHOS COM CORES LINDAS

DESENHE AQUI O QUE É BENIGNIDADE PARA VOCÊ

O FRUTO ESPECIAL: BONDADE

DIA 21

A BONDADE DE DEUS DURA GERAÇÕES

Uma data muito importante para Bibi estava chegando: seu aniversário. Com muita alegria, ela decidiu organizar um jantar em sua casa para toda a sua família e amigos da turma. Então, para tornar a comemoração ainda mais especial, Bibi foi com sua mãe a uma loja de festas e comprou tudo de que precisavam: bexigas coloridas, decoração, pratinhos, lembrancinhas e muitas outras coisas. Porém, a melhor parte foi a ajuda do seu avô! Ele prepararia um *yakisoba*, comida japonesa que todos os convidados amavam.

Quando chegou o grande dia, Bibi passou a tarde animada, ajeitando a festa em sua casa. Seus avós vieram mais cedo para cozinhar o jantar, e logo os amigos começaram a aparecer com vários presentes. Por onde olhava, Bibi encontrava pessoas comemorando, conversando e brincando, e todos podiam sentir o delicioso cheiro de comida no ar.

Bibi, Leleco, Duda, Tatá e Bisnaguinha não perderam tempo ao ouvirem que o *yakisoba* estava pronto; saíram correndo para os seus lugares à mesa. Todos, inclusive a família da Bibi, sentaram-se juntos e deram as mãos para agradecer a Deus pelo alimento. Seu avô iniciou uma oração:

— Senhor, obrigado por este jantar delicioso que vamos comer, e por estarmos comemorando mais um aniversário da minha neta. Vejo que a Sua bondade infinita dura por gerações e Seu amor tem alcançado toda a minha família. Continue nos abençoando e derramando Sua graça sobre nós e, especialmente hoje, sobre a vida da Bibi. Em nome de Jesus, amém.

— Amém! — todos disseram, e começaram a comer.

Enquanto almoçavam, Duda, curiosa e com muita vontade de ouvir histórias, decidiu fazer uma pergunta ao avô de sua amiga:

— O que significa "a bondade de Deus dura por gerações"?

— Significa que, além de Se revelar pessoalmente a mim, Ele ouviu minhas orações e encontrou toda a minha família. Ao olhar

O FRUTO ESPECIAL: BONDADE

para as pessoas aqui, vejo minha esposa, meus filhos e netos, que aceitaram Jesus e, dia após dia, recebem as Suas bênçãos. Tudo isso porque Deus estendeu Sua bondade até eles.

— *Nossa*, que demais! Então isso significa que, como Deus nos dá o que pedimos em oração e é sempre legal conosco, Ele é bondoso? — perguntou Duda.

— Na verdade, Deus simplesmente é bom, mesmo que não faça tudo o que pedimos. Afinal, Ele sabe o que é melhor para nós! Essa é uma característica imutável do Senhor, ou seja, jamais pode ser mudada ou tirada d'Ele. Além disso, ela também deve ser gerada nas nossas vidas, pois faz parte do fruto do Espírito Santo. E, se somos verdadeiros amigos de Deus e pedimos ao Seu Espírito que nos ajude a sermos bondosos, Ele nos atende — respondeu o avô de Bibi.

— Que incrível! — Duda exclamou — E quando foi que o senhor conheceu Jesus e encontrou Sua bondade?

— Eu tinha quinze anos e, na época, meu vizinho me chamou para conhecer um grupo de adolescentes. Eles se reuniam todos os dias para conversar sobre um livro, e, como eu não estava fazendo nada, aceitei o convite. Só que, ao chegar ao local, vi que era uma igreja e eles estudavam a Bíblia. Naquele dia, Jesus me encontrou de uma forma poderosa e eu O reconheci como o meu Salvador. Após esse compromisso, passei a perceber a bondade de Deus por meio da transformação que Ele fez em mim e em minha família.

Os amigos de Bibi, que ouviam seu avô com atenção, ficaram muito animados em saber que a bondade de Deus não alcançaria somente eles, mas também a todas as suas futuras gerações.

— *Uau*, Deus é muito bom! — Duda disse com alegria.

— É verdade. — Bibi concordou — Uma prova disso é Ele me permitir aproveitar meu aniversário com todas as pessoas que amo!

A conversa se estendeu, e cada um ali contou algum testemunho sobre as coisas maravilhosas que Deus já havia feito em suas famílias. Depois do jantar, a festa de aniversário prosseguiu até o fim da noite. Todos cantaram "Parabéns para você" animadamente, e oraram juntos, agradecendo ao Senhor por Sua bondade na vida da Bibi.

A BÍBLIA DIZ

DEVOCIONAL

Portanto, saibam que o Senhor, seu Deus, é Deus; ele é o Deus fiel, que guarda a aliança e a misericórdia até mil gerações aos que o amam e cumprem os seus mandamentos. (Deuteronômio 7.9)

Deus é bom, e a todo momento a Palavra nos lembra dessa verdade (cf. Salmos 100.5). Essa característica pertence ao nosso Pai e Ele não muda, ou seja, independentemente das circunstâncias do dia a dia, nada diminui a Sua bondade. Na verdade, por ser tão bondoso, Ele deseja transformar toda a nossa história e a das pessoas que vivem conosco também.

A Bíblia nos ensina que Ele guarda a aliança com aqueles que cumprem Seus mandamentos (cf. Deuteronômio 7.9). Isso garante que o Senhor estará sempre conosco, afinal Seu maior desejo é que todas as pessoas deste mundo O conheçam e experimentem Seu amor. Portanto, lembre-se sempre de orar agradecendo a Deus porque a Sua bondade dura para sempre, de geração em geração.

Dessa forma, você verá o cuidado d'Ele na família que tem agora e naquela que ainda irá construir quando for um adulto cheio de amor ao Senhor. Isso não é surpreendente? Além de ser bom, Deus nos convida a participarmos e experimentarmos dessa bondade. Então lembre-se de conversar com Ele, pedindo por seus pais, irmãos, tios, primos, amigos e colegas, para que o favor do Pai continue alcançando-os como já tem acontecido com você.

PERGUNTAS

1 Qual trecho desse devocional mais chamou a sua atenção? Copie-o aqui.

....

....

....

....

....

2 Como você pode aplicar esse aprendizado no seu dia a dia?

....

....

....

....

....

3 Você já falou com Deus hoje? Após essa leitura, escreva aqui uma oração, conforme o Espírito Santo o direcionar.

....

....

....

....

....

O FRUTO ESPECIAL: BONDADE

BONDADE EM AÇÃO

DIA 22

Certo dia, as crianças se reuniram para brincar de pique-esconde no parque, no mesmo horário em que sempre se encontravam. Sem perder tempo, Bisnaguinha começou a contar e, ao terminar, foi procurar os amigos escondidos. Um de cada vez, eles saíram de seus esconderijos, até que todos estavam reunidos para iniciar a próxima rodada. Antes de recomeçarem o jogo, Bibi contou um por um e se deu conta de que algo estava errado.

— Puxa, Bisnaguinha, você se esqueceu de procurar o Leleco. Ele vai pensar que não gostamos dele! — disse Bibi, notando que o amigo não estava com eles.

— Deixe de besteira, Bibi, você não percebeu que o Leleco não apareceu hoje? Provavelmente está de castigo de novo — comentou Bisnaguinha.

— Não fale assim; ele não perde uma brincadeira na praça. Algo deve ter acontecido — afirmou Bibi.

Depois de minutos pensando no que Leleco poderia ter feito, as crianças voltaram a brincar, mas Bibi permaneceu incomodada com a falta do amigo. De repente, tia Ju chegou na praça e acabou esclarecendo tudo:

— Crianças, o Leleco está resfriado e, por isso, não veio ao parque hoje.

Assim que receberam a notícia, começaram a comentar:

— Viu, Bisnaguinha?! Você deveria ter me escutado — disse Bibi, exaltada.

— Acalme-se, Bibi, não precisa se preocupar. O Leleco está melhorando... mas está triste por não ter vindo brincar. — tia Ju a acalmou — Que tal vocês pausarem a brincadeira um pouquinho e orarem para que ele fique bem?

— É uma ótima ideia, tia Ju. Eu posso orar por ele. — falou Bisnaguinha, e logo iniciou a oração em voz alta — Papai do Céu, quero pedir desculpas por pensar que o Leleco tinha aprontado. Entendo,

O FRUTO ESPECIAL: BONDADE

agora, que não foi legal falar isso do meu amigo. Peço que o Senhor cuide dele e o cure, para que possa brincar de novo com a gente. Em nome de Jesus, amém!

— Amém! — todos disseram, confiando que Leleco ficaria melhor em breve.

— Ei, pessoal, me lembrei de uma coisa muito legal! — disse Dudá — Uma vez, aqui na praça, minha mãe e eu vimos uma menina sentada no banco, e ela estava triste porque não tinha nenhum brinquedo. Então eu busquei uma das minhas bonecas em casa e dei para ela. A menina ficou muito feliz e nós ainda brincamos juntas!

— Legal, Duda, mas... o que isso tem a ver com o Leleco? — Bisnaguinha perguntou.

— Tem tudo a ver! Leleco também está triste por não poder brincar conosco, então nós poderíamos fazer uma surpresa: levar brinquedos e uma comida bem gostosa para ele em sua casa. Assim, ficará alegre até que possa voltar a se divertir com a gente.

Ao ouvirem a ideia, todos ficaram muito animados, e começaram a pensar no que fariam para o Leleco. Tia Ju disse que os ajudaria e prepararia o bolo favorito dele. No fim da tarde, todos apareceram na casa do amigo com as mãos cheias de jogos, brinquedos e um bolo de chocolate com muita cobertura. Leleco mal pôde acreditar e, mesmo estando resfriado, sabia que aquele seria um fim de dia muito divertido, pois seus amigos haviam se lembrado dele e agido com bondade.

REFLITA

1. Você costuma ajudar seus amigos nos momentos em que eles precisam?

2. Em suas orações, você se lembra de orar pelas pessoas ao seu redor?

3. O que você pode fazer para demonstrar mais da bondade de Deus para seus colegas e familiares?

A BÍBLIA DIZ

DEVOCIONAL

Jesus prosseguiu, dizendo: — Um homem descia de Jerusalém para Jericó e caiu nas mãos de alguns ladrões. Estes, depois de lhe tirar a roupa e lhe causar muitos ferimentos, retiraram-se, deixando-o semimorto [...]. Certo samaritano, que seguia o seu caminho, passou perto do homem e, vendo-o, compadeceu-se dele. E, aproximando--se, fez curativos nos ferimentos dele, aplicando-lhes óleo e vinho. Depois, colocou aquele homem sobre o seu próprio animal, levou-o para uma hospedaria e tratou dele. (Lucas 10.30-34)

Nesse trecho de Lucas 10, Jesus conta uma parábola sobre a bondade em ação. Nela, um homem havia sido machucado e deixado sozinho no meio da estrada. Muitos judeus passaram por ele, entretanto nenhum deles se compadeceu e parou para ajudá-lo. Mas um samaritano foi caridoso e, logo que viu o ferido, o socorreu. Com essa história, Jesus explicou que Deus deseja que sejamos bondosos com todos, mesmo com nossas diferenças ou situações em que nos encontramos. Isso, porque os judeus e os samaritanos não se davam bem.

Aos Seus olhos, todas as pessoas têm valor, pois fomos feitos à Sua imagem e semelhança (cf. Gênesis 1.26-28). Por isso, precisamos amar como Jesus nos amou e olhar para o próximo com a Sua perspectiva. Ao entendermos e praticarmos essa verdade, a bondade de Cristo chega ao mundo.

Na sua escola, na igreja, na rua em que mora, ou aonde for, sempre haverá ótimas oportunidades de demonstrar bondade, seja ajudando alguém que se machuca, declarando palavras de ânimo a quem você encontra, ou compartilhando seus brinquedos. Ao viver dessa forma, você agirá como o bom samaritano na história bíblica, e será bondoso da mesma forma que Jesus.

PERGUNTAS

1 Qual trecho desse devocional mais chamou a sua atenção? Copie-o aqui.

2 Como você pode aplicar esse aprendizado no seu dia a dia?

3 Você já falou com Deus hoje? Após essa leitura, escreva aqui uma oração, conforme o Espírito Santo o direcionar.

O FRUTO ESPECIAL: BONDADE

DIA 23

A ESSÊNCIA DA BONDADE

Por mais que Tatá sempre recebesse ordens de sua mãe para arrumar seu quarto antes de ir para a escola, ela tinha deixado tudo bagunçado. Ao ser repreendida pela milésima vez naquela manhã, resolveu que daria um jeito na situação. Tentando organizar tudo, Tatá revirou cada pequena parte do cômodo, até que encontrou um cofre de dinheiro debaixo da cama.

— Mãe! — Tatá gritou algumas vezes enquanto corria pela casa — Olha só o que eu encontrei! Quanto dinheiro será que tem aqui dentro?

— *Nossa*, minha filha, você quer me matar do coração? — disse tia Ju, assustada, sentando-se à mesa — Eu nem me lembrava mais desse cofrinho. Sua tia lhe deu em um dos seus aniversários. Ao longo dos anos, você foi juntando e colocando várias moedas dentro dele.

Tatá, curiosa, pediu para abri-lo e contar o dinheiro que estava guardado ali. Quebrando o cofre, para a sua surpresa, não havia somente moedas, mas também diversas notas, que totalizaram uma grande quantia.

— Depois que eu terminar de arrumar o quarto, podemos ir ao *shopping* para comprar um brinquedo ou uma roupa bem legal? — perguntou Tatá.

Sua mãe concordou, mas reforçou que o quarto deveria ficar perfeitamente arrumado, ou "um brinco", como gostava de falar. Foi exatamente o que Tatá fez. Depois de ver o ótimo trabalho da filha, tia Ju a levou ao *shopping*.

Chegando lá, embora tenha ficado muito animada ao entrar nas lojas, Tatá não se sentia plenamente feliz. Ela até olhou uns patins que sempre sonhou em ganhar e um boné bem colorido, mas, mesmo assim, sentia algo diferente em seu coração; não tinha vontade de comprar coisas apenas para si mesma.

O FRUTO ESPECIAL: BONDADE

— Tatá, você está tão desanimada... O que aconteceu? — Sua mãe perguntou, já que estava curiosa sobre a mudança de humor da filha após caminharem pelas lojas.

— *Ah*, mãe, acho que não quero gastar tanto dinheiro comprando presentes só para mim. Arrumando meu quarto hoje, percebi que já tenho muitas coisas; queria fazer algo diferente... mas não sei o quê.

Ao ouvir sua filha, tia Ju ficou muito feliz, porque soube que o Espírito Santo estava criando nela uma característica que o Senhor deseja que todas as pessoas tenham em seus corações: a bondade verdadeira.

— Querida, isso significa que você deseja compartilhar a sua alegria com outras pessoas. Essa é a prova de que o Espírito Santo está gerando bondade em seu coração. — tia Ju explicou — Tive uma ideia: e se, em vez de comprarmos brinquedos somente para você, escolhêssemos coisas para todos os seus amigos?

Tatá se encheu de animação com a ideia de presenteá-los. As duas correram para uma loja de brinquedos e compraram jogos divertidos, um para cada integrante da turma.

— *Nossa*, mãe, que demais! Quero só ver a cara deles quando eu chegar ao parque com todos esses jogos! — disse Tatá pulando de alegria.

Depois de terminarem as compras, Tatá e sua mãe saíram do shopping em direção ao carro, quando se depararam com um menino sentado na calçada, vestindo roupas rasgadas, e que pedia ajuda para comer naquele dia. Imediatamente, Tatá entendeu que aquela era mais uma oportunidade de expressar a bondade. Ela correu para comprar um delicioso lanche para o garoto, que agradeceu sorridente.

Ao chegar em casa, Tatá abraçou e agradeceu à sua mãe por tê-la ajudado a ser bondosa, afinal a alegria que ela estava sentindo por compartilhar os presentes com quem amava, e até mesmo com aquele menino que nem conhecia, era melhor do que comprar brinquedos legais, roupas bonitas e bens materiais. E, assim que subiu ao seu quarto, também orou, agradecendo ao Espírito Santo por ter plantado a verdadeira bondade em seu coração.

A BÍBLIA DIZ

DEVOCIONAL

Lembra-te, Senhor, das tuas misericórdias e das tuas bondades, que são desde a eternidade. (Salmos 25.6)

Você já passou por alguma situação parecida com a de Tatá? Se a resposta for "sim", e você sentiu o desejo de ser bondoso com uma pessoa, significa que o Espírito Santo está frutificando em seu coração. Deus carrega bondade em Sua natureza; e Seu Espírito, que vive em nós, leva-nos a desenvolver isso também. Sempre que praticamos o bem ao próximo, estamos sendo como um espelho do Senhor, expressando quem Ele é!

Por isso, quando sentimos vontade de ser bondosos, queremos simplesmente compartilhar o amor de Deus por nós, dividindo nossos bens materiais, dedicando nossa atenção, tempo e, também, ajudando as pessoas quando elas necessitam. Temos o melhor exemplo em nosso Pai Celestial, que sempre distribuiu atos de bondade, e continuará fazendo isso por toda a eternidade (cf. Salmos 25.6).

Por estarmos conectados com o Senhor, devemos desejar ser como Jesus. Para isso, podemos pedir ao Espírito Santo que nos ajude a desenvolver mais bondade em nossos corações e demonstrá-la ao próximo com um coração generoso e amoroso como o de Deus.

PERGUNTAS

1 Qual trecho desse devocional mais chamou a sua atenção? Copie-o aqui.

2 Como você pode aplicar esse aprendizado no seu dia a dia?

3 Você já falou com Deus hoje? Após essa leitura, escreva aqui uma oração, conforme o Espírito Santo o direcionar.

O FRUTO ESPECIAL: BONDADE

DIA 24

BUSCANDO A BONDADE DO SENHOR

No fim de semana, a turma estava reunida na casa de Bisnaguinha, decidindo qual seria a próxima brincadeira.

— Poderíamos jogar queimada! — Duda sugeriu. Todos pularam de alegria, concordaram e correram para o quintal.

Leleco, por outro lado, estava muito silencioso, observando os amigos, e só abriu a boca para dizer:

— Não importa o que vamos jogar, porque, a partir de agora, eu vou ganhar tudo! Preparem-se!

— Veremos se você vai mesmo! — disse Tatá.

Assim, as crianças dividiram os times, posicionaram-se e começaram a partida. A bola voava de um lado para o outro, enquanto cada um se esquivava ao máximo para não ser atingido por ela. Tatá, Bibi e Zezé foram os primeiros a serem queimados, e, por fim, só restaram Duda, Leleco e Bisnaguinha. Até que, com muita rapidez, Duda acertou os dois de uma vez e ganhou a primeira partida.

— Não é possível; eu estava jogando muito melhor do que vocês! — Leleco reclamou.

— Mesmo assim, foi a Duda que ganhou. Que curioso, não é? — Bisnaguinha brincou.

Isso deixou Leleco ainda mais irritado! De todos os jogos que brincaram naquele dia, ele não havia ganhado nenhum, e, enquanto os amigos estavam separando os times novamente, ele pensou no que poderia fazer para ser o campeão na próxima partida. Leleco, então, viu algumas bolas no canto do quintal e as escondeu em um arbusto perto dele. Com isso, criou sua estratégia: quando ninguém estivesse prestando atenção, ele pegaria as outras bolas, que eram idênticas às do jogo, e as usaria para queimar mais pessoas.

O FRUTO ESPECIAL: BONDADE

Após alguns minutos, mais uma partida começou. Todos corriam, fugindo dos lançamentos, quando, de repente, Leleco começou a acertar todos eles, utilizando as bolas extras — que, obviamente, não eram permitidas na brincadeira. No final, ele ganhou, mas a turma percebeu que havia algo estranho.

— Espere um pouco... — disse Tatá, olhando para o quintal — O Leleco usou outras bolas que não faziam parte do jogo, por isso conseguiu queimar todo mundo!

— *Ah*, mas eu ganhei, e é isso o que importa, não é? — Leleco respondeu.

— Na verdade, não! — disse Bibi — Essa era só uma brincadeira para nos divertirmos. E não agrada o coração de Deus prejudicar os amigos, principalmente agindo de forma errada. Na Bíblia, aprendemos que sempre devemos buscar o bem de todos.

Depois de ouvir Bibi, Leleco percebeu que não havia sido bondoso com seus amigos; pelo contrário, só tinha pensado em sua vitória, sem se importar com as regras do jogo.

— É verdade, pessoal, o que eu fiz não foi legal. Vocês me perdoam? Prometo que não farei isso de novo. E, por favor, não me expulsem da brincadeira!

— Tudo bem, Leleco, perdoamos você! — respondeu Bibi — A Palavra de Deus também nos ensina a não retribuir o mal com o mal; é claro que você não precisa sair do jogo.

Todos da turma concordaram com Bibi, perdoaram Leleco e o acolheram para continuar brincando com eles. Entretanto, para seguirem o jogo, fizeram um acordo: nas próximas vezes em que jogassem queimada, iriam apenas se divertir, sem prejudicar uns aos outros. Dessa maneira, brincaram a tarde inteira com muita alegria, expressando bondade entre si!

A BÍBLIA DIZ

DEVOCIONAL

Tenham cuidado para que ninguém retribua aos outros mal por mal; pelo contrário, procurem sempre o bem uns dos outros e o bem de todos. (1 Tessalonicenses 5.15)

Você já ficou chateado com algum amigo e procurou "dar o troco" porque ele não foi legal com você? Ou, talvez, agiu de um jeito errado e reconheceu que aquela não era a melhor forma de lidar com a situação? Em alguns momentos, precisaremos nos esforçar para colocar a bondade em ação.

Por conta do pecado e de nossas falhas, acabamos agindo sem pensar ou tratando aqueles que foram grosseiros conosco da mesma maneira como fomos tratados. Mas o Senhor nos chama para sermos luz e exemplo na vida das pessoas (cf. Mateus 5.13-14). Isso significa que nossos amigos e familiares devem receber honra, respeito e amor, ainda que eles não façam isso conosco.

Quando conhecemos a vontade do Pai, e ela entra em nossos corações, buscamos viver conforme a bondade que vem d'Ele o tempo todo. Não desejamos prejudicar ninguém ou agir como queremos, mas aprendemos a viver em comunhão e paz com todos. Portanto, se você deseja ser como Jesus, peça ao Espírito Santo que lhe encha de amor pelo próximo e o ajude a perdoar e cuidar das pessoas, sempre buscando o bem.

PERGUNTAS

1 Qual trecho desse devocional mais chamou a sua atenção? Copie-o aqui.

....

....

....

....

....

2 Como você pode aplicar esse aprendizado no seu dia a dia?

....

....

....

....

....

3 Você já falou com Deus hoje? Após essa leitura, escreva aqui uma oração, conforme o Espírito Santo o direcionar.

....

....

....

....

....

MÃOS À OBRA

DESAFIOS

Desafio 21: SEJA GRATO PELA BONDADE DO SENHOR!
Durante uma semana, escreva em uma folha de papel, todos os dias, três motivos diferentes de gratidão. Pode ser uma coisa nova que você aprendeu, ou algo gostoso que comeu, por exemplo. Lembre-se: tudo isso revela a bondade do Senhor em sua vida. Por isso, em seguida, agradeça-O por cada item listado e também por tudo o que Ele é!

Desafio 22: DEMONSTRE BONDADE A UM AMIGO!
Faça algo para um amigo da sua escola hoje, a fim de demonstrar a bondade de Deus na vida dele. Você pode ajudá-lo a resolver um exercício, compartilhar o seu lanche, fazer um presente etc.

Desafio 23: ALIMENTE QUEM TEM FOME...
A Bíblia narra, em diversos momentos, que o Senhor Jesus expressava Sua infinita bondade alimentando aqueles que tinham fome. Seguindo os Seus passos, e com a ajuda de seus pais ou de um adulto responsável, prepare uma deliciosa refeição para alguém que mora na rua. Depois disso, ore por essa pessoa.

Desafio 24: RECONHEÇA O QUE HÁ DE BOM!
Elogie, pelo menos, duas pessoas hoje. Diga coisas boas sobre elas, reconhecendo o que elas têm e fazem de bom. É importante que você seja específico e verdadeiro.

VAMOS RESOLVER O CAÇA-PALAVRAS?

PROCURE AS PALAVRAS:
ETERNIDADE | PACIÊNCIA | SACRIFÍCIO | SALVAÇÃO | VIDA

```
R M A D D S N E N S O Y A
B E P O N O M T P I E S D
Y H A N O E K E X R F A W
E U C V I E C R D I A L R
R O I Y I T H N V E M V T
F D Ê O E D S I T I Í A T
A G N T N T A D A A D Ç V
E Q C O O L I A S M I Ã W
D E I I O D O D N H A O N
E F A T L D A E O R A O O
S A C R I F Í C I O A D E
```

QUE TAL ESCREVER SEU VERSÍCULO FAVORITO DA SEMANA?

HORA DO EPISÓDIO

TEMPORADA 3: BONDADE

_____
_____
_____
_____
_____
_____
_____

DÊ VIDA AOS QUADRINHOS COM CORES LINDAS

DESENHE AQUI O QUE É BONDADE PARA VOCÊ

O FRUTO ESPECIAL: FIDELIDADE

DIA 25

POR QUE É IMPORTANTE SER FIEL?

Tuca estava se sentindo muito feliz naquela manhã! Antes de conhecer a turma, ela costumava andar sozinha, pois não tinha amigos. Mas agora havia encontrado pessoas muito incríveis e que realmente gostavam dela. Por isso, decidiu fazer um presente especial para cada um de seus amigos e demonstrar o quanto os amava. Antes de iniciar, separou os materiais necessários e planejou o que cada um receberia. Então, sem demora, começou a criar os presentes com suas próprias mãos.

Para a Tatá, Tuca fez um colar muito bonito e charmoso, usando barbante e macarrão. Como presente para a Bibi, ela desenhou uma linda paisagem e escreveu Salmos 19.1: "Os céus proclamam a glória de Deus, e o firmamento anuncia as obras das suas mãos".

"Tenho certeza de que ela vai amar!", pensou Tuca. Logo depois, preparou um sanduíche bem grande de queijo com salame para presentear seu amigo Bisnaguinha.

— Eu acho que esse é o sanduíche preferido do Bisnaga! — exclamou ela.

Para o Leleco, Tuca juntou algumas garrafas de plástico, fez uma bola de papel e criou um conjunto de boliche superlegal.

Feito isso, foi até o jardim dos seus avós e perguntou se poderia colher algumas flores. Eles, com muita gentileza, responderam que sim. Então ela decorou um belo cesto e o encheu com as mais lindas e cheirosas flores para dar à Amália. Tuca ainda aproveitou para pegar as laranjas mais cheirosas da laranjeira de seus avós e fez um delicioso suco natural para o Zezé. Por fim, usando uma fita cor-de-rosa, ela fez um delicado laço de cabelo para a Carol.

Quando terminou os presentes, ela combinou de encontrar todos da turma no parquinho, para entregar-lhes o que havia preparado durante o dia todo. Chegando lá, seus amigos ficaram tão felizes com

O FRUTO ESPECIAL: FIDELIDADE

a surpresa, que não conseguiam parar de abraçá-la e agradecê-la por todo o carinho que expressou por eles.

— Por que você fez tudo isso, Tuca? Não é nosso aniversário, nem Natal... — perguntou Zezé.

Tuca explicou:

— Hoje, quando acordei, comecei a pensar sobre o quanto sou feliz por ter vocês em minha vida. Antes, eu não tinha muitos amigos e ficava bem triste por isso, mas agora posso contar com uma turma inteira para brincar comigo e me ensinar coisas novas e legais. Então eu pensei numa maneira de agradar a todos, e tive a ideia de dar esses presentes. Vocês gostaram?

— Sim, demais! — todos disseram.

De repente, Tuca disse:

— Sabe de uma coisa? Eu também queria muito agradecer a Deus e dar um presente para Ele, afinal foi o Senhor que me deu vocês como amigos. Inclusive, nossa amizade é uma prova de Sua fidelidade comigo. Mas eu não sei como posso agradá-lO... Se fizer um presente para Ele, para qual endereço devo enviar?

Na mesma hora, Duda deu um salto, ficou bem em frente à Tuca e, com muita empolgação, disse:

— Eu sei! Eu sei como você pode agradar a Deus, Tuca, e não é com presentes como esses! O versículo que o meu pai compartilhou comigo hoje tem a resposta! Está lá em Hebreus 11.6 e diz que, sem fé, é impossível agradar a Deus, pois é necessário que aquele que se aproxima de Deus creia que Ele existe. Ou seja, se você quer agradar a Deus, é só ter fé n'Ele!

Bibi, então, disse:

— *Nossa*, que legal! A Tuca quer agradar ao Senhor por Sua fidelidade na vida dela; isso é muito especial! Como a Duda falou, para agradar-Lhe é preciso ter fé... Vocês sabiam que, nos escritos originais da Bíblia, a palavra que é usada para "fé" e para "fidelidade" são a mesma? A diferença está apenas na tradução para o português.

Após conversarem durante um tempo, toda a turminha ficou maravilhada com o que havia aprendido a respeito da fidelidade de Deus; e Tuca estava radiante por ver seus amigos felizes!

A BÍBLIA DIZ

DEVOCIONAL

De fato, sem fé é impossível agradar a Deus, porque é necessário que aquele que se aproxima de Deus creia que ele existe e que recompensa os que o buscam. (Hebreus 11.6)

Em Hebreus 11.1, está escrito que a fé é a certeza de coisas que não vemos. Como Duda disse na história, precisamos ter fé para agradar ao Senhor. Isso significa que, para deixá-lO feliz, devemos acreditar e confiar totalmente n'Ele, mesmo que não possamos vê-lO, e antes mesmo de testemunhar a realização de Suas promessas.

Além disso, Bibi também comentou que fé e fidelidade são derivadas da mesma palavra grega, conhecida como *pistis*[1], que indica tanto a confiança que depositamos em alguém, quanto a característica de alguém que é confiável. Como o Espírito Santo vive em nós, frutificamos fidelidade; ou seja, nós nos tornamos pessoas cheias de confiança em Deus, e também confiáveis e leais (fiéis) aos outros.

Toda vez que oramos, lemos a Bíblia, adoramos ao Senhor e obedecemos à Sua Palavra, estamos agradando a Deus, pois demonstramos, com nossos atos, que acreditamos n'Ele. Por esse motivo, nós nos dedicamos a conhecê-lO; e, quanto mais compreendermos quem Deus é, maior será nossa confiança n'Ele e mais fiéis aos outros nós seremos.

---

[1] *PISTIS* [4102]. *In:* DICIONÁRIO bíblico Strong. Barueri: Sociedade Bíblica do Brasil, 2002.

PERGUNTAS

1 Qual trecho desse devocional mais chamou a sua atenção? Copie-o aqui.

....

....

....

....

....

2 Como você pode aplicar esse aprendizado no seu dia a dia?

....

....

....

....

....

3 Você já falou com Deus hoje? Após essa leitura, escreva aqui uma oração, conforme o Espírito Santo o direcionar.

....

....

....

....

....

O FRUTO ESPECIAL: FIDELIDADE

DIA 26

SENDO FIEL À PALAVRA

Era uma manhã de setembro e Zezé estava brincando sozinho em casa. Com muito cuidado e dedicação, ele arrumou todos os seus bonecos em dois blocos como se fossem de exércitos inimigos e estivessem se preparando para uma grande e épica batalha medieval, do jeito que havia aprendido na escola. Mas, no momento em que tudo estava finalmente organizado, Tatá passou correndo e bagunçou o seu exército inteirinho. Zezé ficou furioso, pois tinha levado horas para organizar aqueles brinquedos; e, então, ao se dar conta do que tinha acontecido, começou a gritar com sua irmã, que também berrou com ele.

A guerra entre os bonecos de Zezé tinha terminado, porém outra se iniciou com sua irmã. Os dois estavam discutindo e, de repente, Tatá deu um empurrão em seu irmão, que, por sua vez, esbarrou numa estante que tinha um vaso de porcelana que a tia Ju amava. O vaso começou a rodopiar, enquanto Tatá e Zezé olhavam fixamente para aquela cena.

— Meu Jesus *Cristinho*! — disse Tatá — Se quebrarmos o vaso favorito da mamãe, estamos fritos!

Zezé começou a falar baixinho:

— Não cai, vaso, não cai, por favor...

Por um instante, pareceu que o vaso ia parar em pé, mas... *boom!* Ele caiu e se espatifou no chão. Tatá e Zezé olharam um para o outro e não podiam acreditar no que tinha acontecido.

— A gente vai ficar de castigo para sempre! — exclamou Tatá.

— Pois é, tudo porque você me empurrou! — respondeu Zezé defendendo-se.

— Depois resolvemos isso. O que precisamos fazer agora é limpar tudo antes que a mamãe chegue e veja esse desastre. Corra e pegue a vassoura! — disse Tatá.

O FRUTO ESPECIAL: FIDELIDADE

Os dois limparam tão bem aquele chão, que parecia que a tia Ju tinha acabado de fazer uma grande faxina. Ao terminar, foram correndo para o parquinho, pois o último lugar em que queriam ficar era em casa. Chegando lá, encontraram somente a Bibi, que estava lendo a sua Bíblia. Tatá, conforme foi se aproximando da amiga, ficou muito envergonhada, pois tinha acabado de brigar com seu irmão e esconder uma bagunça, na tentativa de enganar sua mãe.

Bibi, percebendo que os dois estavam por perto, começou a falar:

— Tatá, Zezé... que bom que vocês chegaram! Eu preciso compartilhar com alguém o que acabei de ler. Jesus disse o seguinte em João 8.31: "[...] Se vocês permanecerem na minha palavra, são verdadeiramente meus discípulos". Isso não é lindo?! — concluiu, cheia de empolgação.

Os irmãos olharam um para o rosto do outro e ficaram em silêncio por um tempo. Ambos tinham sido confrontados por aquela palavra, já que estavam fazendo algo errado: tentando esconder a verdade da mãe deles. Após refletirem por alguns instantes, Tatá disse:

— Zezé, se nós somos discípulos de Jesus, precisamos ser fiéis a tudo o que Ele diz em Sua Palavra. E eu me lembro que está escrito na Bíblia que não devemos mentir, mas, sim, falar a verdade, para que ela possa nos libertar.

— Você tem razão, Tatá! Esconder a verdade é uma forma de mentir, *né*? Vamos contar tudo o que aconteceu para a mamãe!

Então os dois saíram bem rápido para contar à mãe deles sobre o acidente; acabaram nem se despedindo de Bibi direito. Eles sabiam que poderiam ficar de castigo por um bom tempo, mas entenderam que, se amavam a Jesus Cristo, precisavam ser fiéis à Sua Palavra, obedecendo a tudo o que ela diz.

A BÍBLIA DIZ

DEVOCIONAL

Escolhi o caminho da fidelidade e decidi seguir os teus juízos. (Salmos 119.30)

Fidelidade significa lealdade e compromisso com algo ou alguém,[1] e é uma das características de Deus. Ele é fiel, porque sempre cumpre o que diz, nunca mente nem abandona as Suas promessas (cf. Números 23.19). Quanto a nós, quando entregamos nossas vidas a Jesus, assumimos o compromisso de sermos fiéis a Ele e à Sua Palavra.

Como vimos na história, Tatá e Zezé pensaram, inicialmente, em tentar esconder o fato de terem quebrado o vaso da tia Ju. Mas, depois de ouvirem a Bibi lendo um versículo bíblico, lembraram-se de que deveriam permanecer fiéis ao Senhor, obedecendo ao que Ele nos ensina na Bíblia. Somente assim, agiriam como Seus verdadeiros seguidores! E foi exatamente o que eles fizeram: escolheram o caminho da fidelidade, de seguir os mandamentos de Deus!

A obediência à Palavra de Deus revela nosso amor por Ele (cf. João 14.21). Portanto, devemos sempre ser fiéis ao que ela diz, seguindo Seus direcionamentos em toda e qualquer situação, sem nos preocuparmos com as consequências disso ou o julgamento das pessoas. Quando somos fiéis ao Senhor, além de O alegrarmos, recebemos a coroa da vida (cf. Apocalipse 2.10)!

---

[1] FIDELIDADE. *In:* DICIONÁRIO Michaelis *on-line*. São Paulo: Melhoramentos, 2022. Disponível em *https://michaelis.uol.com.br/moderno-portugues/busca/portugues-brasileiro/fidelidade*. Acesso em maio de 2022.

PERGUNTAS

1 Qual trecho desse devocional mais chamou a sua atenção? Copie-o aqui.

2 Como você pode aplicar esse aprendizado no seu dia a dia?

3 Você já falou com Deus hoje? Após essa leitura, escreva aqui uma oração, conforme o Espírito Santo o direcionar.

O FRUTO ESPECIAL: FIDELIDADE

DIA 27

A RECOMPENSA DA FIDELIDADE

Amália estava na aula de inglês no instante em que ouviu seus colegas de classe planejarem uma pegadinha que fariam com a professora no dia seguinte. Eles colocariam um sapo dentro da sua bolsa, para que ela tomasse um enorme susto. Como não queriam ser descobertos, deixariam a armadilha do sapo dentro da mochila de Joãozinho, um menino novo, bem quieto, que ainda não tinha muitos amigos. Assim, ele levaria a culpa de tudo.

Amália ficou superaflita ao ver os colegas bolando aquele plano, mas, ao mesmo tempo, confusa: ela não sabia se deveria falar ou não com a professora. Se ela contasse, ajudaria tanto a professora quanto Joãozinho, mas levaria a fama de dedo-duro e, talvez, perdesse todos os seus amigos de classe. Por outro lado, se não contasse, a professora tomaria um susto muito grande e Joãozinho poderia até ser expulso da escola injustamente.

Ela nem mesmo conseguiu prestar atenção ao restante da aula, pois não tinha ideia do que fazer. As duas escolhas pareciam ter consequências ruins. Então, assim que a aula terminou, Amália correu para o parquinho, a fim de encontrar alguém da turma que pudesse ajudá-la.

Chegando lá, todos estavam brincando juntos. Ela entrou no meio da brincadeira e gritou:

— Gente, eu preciso de ajuda!

Eles ficaram surpresos com aquele grito inesperado, mas logo se reuniram ao redor de Amália para ouvi-la. Ela explicou toda a situação aos seus amigos, que também ficaram muito pensativos. Foi então que Duda se levantou e disse:

— Amália, você precisa ser fiel ao que é certo. Mesmo que seja difícil e cause alguma consequência que deixe você triste. Nós amamos

O FRUTO ESPECIAL: FIDELIDADE

Jesus, por isso sempre temos de falar a verdade. E não se preocupe se todos a chamarem de dedo-duro e pararem de falar com você. Nós continuaremos sendo seus amigos e vamos apoiá-la nessa situação.

Todos confirmaram:

— Isso mesmo, Amália! E, se você quiser, também podemos conversar com essas crianças que estão aprontando! — complementou Tatá.

— Obrigada, turma! No fundo, eu sabia que deveria fazer isso mesmo. Acho que é o que Jesus faria também: seguiria pelo caminho da justiça e da verdade. Amanhã, assim que chegar à escola, vou correndo encontrar a professora e contarei tudo para ela.

Amália ainda estava um pouco aflita e com medo de todos acharem que ela era fofoqueira, mas ficou em paz por saber que havia tomado a decisão certa. No dia seguinte, logo que chegou à escola, viu os meninos que haviam planejado a pegadinha indo para a diretoria. Então, ela correu para a sala, a fim de saber o que estava acontecendo. Quando chegou lá, uma amiguinha começou a contar tudo:

— Amiga, um sapo saltou de dentro da mochila dos meninos e começou a pular em cima de todo mundo. O diretor veio, conseguiu pegar o animal e levou os meninos para a direção. Acho que eles vão levar advertência.

Ao ouvir aquilo, Amália ficou aliviada, porque a professora e Joãozinho não foram prejudicados, e ela sequer precisou falar o que tinha ouvido!

— *Ufa...* — ela respirou fundo — Obrigada, Deus, por me ajudar mais uma vez! — agradeceu aliviada.

A BÍBLIA DIZ

DEVOCIONAL

O Senhor é o meu pastor; nada me faltará. Ele me faz repousar em pastos verdejantes. Leva-me para junto das águas de descanso; refrigera-me a alma. Guia-me pelas veredas da justiça por amor do seu nome. (Salmos 23.1-3)

Ao longo de nossas vidas, enfrentaremos situações que nos farão tomar decisões difíceis e que podem até nos custar algo. Porém, devemos sempre decidir fazer o que é correto e agrada ao coração de Deus. Como a história mostrou, Amália, mesmo confusa no início, decidiu contar a verdade para a professora, ainda que fosse prejudicada com isso.

E Deus, que é sempre bom, recompensou a fidelidade de Amália por meio de um livramento: ela nem precisou passar pela situação desagradável de falar sobre o que tinha ouvido e correr o risco de ser rotulada como fofoqueira. Aquele sapo saltou da mochila dos meninos e eles foram descobertos.

Nós devemos sempre seguir a vontade do Senhor e fazer o que é certo, sejam quais forem as consequências. Jesus fez exatamente isso ao longo de Sua vida. Como seguimos o Seu exemplo, precisamos escolher cumprir os mandamentos de Deus em todo tempo. Em alguns momentos, nós enfrentaremos aflições; podemos até ser rejeitados ou sentir um pouco de medo, mas sempre vale a pena seguir pelo caminho da justiça e da verdade. Afinal, da mesma maneira como fez com Amália, o Senhor também nos recompensará se nos mantermos fiéis à Sua Palavra.

PERGUNTAS

1   Qual trecho desse devocional mais chamou a sua atenção? Copie-o aqui.

2   Como você pode aplicar esse aprendizado no seu dia a dia?

3   Você já falou com Deus hoje? Após essa leitura, escreva aqui uma oração, conforme o Espírito Santo o direcionar.

O FRUTO ESPECIAL: FIDELIDADE

DIA
28

DEUS É FIEL

Toda a turma estava reunida na casa da Tatá numa tarde de outono. Tia Ju havia deixado muitas coisas legais disponíveis para eles brincarem e se divertirem, inclusive lápis e papéis. Então a Duda teve uma ideia:

— Já sei! Por que não desenhamos coisas pelas quais somos gratos? Depois, podemos compartilhar com todos! Vamos lá, peguem os papéis — disse Duda, superempolgada.

Eles ficaram animados com a ideia e rapidamente começaram a desenhar, menos a Bibi. Ela até tentava rabiscar algumas linhas, mas, por algum motivo, logo parava. Assim que todos terminaram seus desenhos, Leleco se propôs a mostrar e explicar o seu:

— Eu sou grato pelo meu novo foguete de brinquedo! Por isso, me desenhei dentro de um foguete de verdade!

Todos riram, e assim continuaram compartilhando: Duda fez um desenho da turma inteira, pois era grata por cada um deles. Como havia visitado recentemente uma padaria que vendia vários tipos de pães, Bisnaguinha desenhou a si mesmo no dia em que teve essa experiência. Tatá fez uma ilustração de sua família, já que era grata por cada um deles, enquanto Zezé retratou um campo de futebol, lembrando-se do último gol que havia feito em uma partida. Bibi, porém, estava quieta, e segurava seu papel quase em branco. Duda, percebendo a situação, perguntou:

— Não deu tempo de terminar seu desenho, Bibi?

— Não, não é isso... — ela respondeu.

— Então fale; o que aconteceu? — questionou Duda.

— Nada demais, é que... pensando em gratidão, lembro que sou grata pelos meus amigos da escola, mas acabei de mudar para uma nova e tenho me sentido muito sozinha lá. Na noite anterior ao primeiro dia de aula, não parava de imaginar todas as pessoas que eu conheceria, as brincadeiras, as conversas... Só que, assim que entrei

O FRUTO ESPECIAL: FIDELIDADE

na sala, fiquei com medo e um pouco angustiada, pois não conhecia ninguém ali. Foi assim durante toda a semana, e, até agora, não tenho com quem conversar ou brincar na escola nova! Por isso, estou com dificuldade para desenhar meu motivo de gratidão — explicou.

— Bibi, você sabia que nós nunca estamos sozinhos? — perguntou Duda — Isso me lembrou de Josué 1.9, um dos meus versículos preferidos, que diz: "Não foi isso que eu ordenei? Seja forte e corajoso! Não tenha medo, nem fique assustado, porque o Senhor, seu Deus, estará com você por onde quer que você andar".

— Isso mesmo, Bibi! E você ama a Bíblia, não é? Aprendi com minha mãe que a Palavra está repleta de promessas de Deus para nós! Josué 1.9 é uma delas; então, com certeza, você se sentirá melhor na próxima semana ao se lembrar de que "Ele estará com você"! — afirmou Bisnaga.

Todos concordaram e demonstraram apoio à Bibi, que começou a sentir-se muito encorajada, sabendo que poderia contar com a fidelidade de Deus para cumprir Sua Palavra!

— Está bem, pessoal. Vou fazer meu desenho! — exclamou enquanto pegava o papel novamente.

Em sua ilustração, Bibi recebia o abraço de uma pessoa muito reluzente, em uma sala de aula. A turma celebrou com ela, e todos continuaram pintando e se divertindo a tarde inteira.

No dia seguinte, Bibi foi à escola para iniciar sua segunda semana de aulas. Assim que entrou na sala, notou uma paz imensa em seu coração. Ela sentiu a presença de Deus como se Ele estivesse segurando a sua mão. Então sorriu, sentou-se e, por não se sentir mais sozinha, não teve vergonha de puxar uma conversa com algumas meninas que estavam ali, antes de a aula começar.

A partir daquele momento, Bibi passou a fazer novas amizades, e não via a hora de contar para a turma que seu desenho tinha se tornado realidade. Ela percebeu que, de fato, Deus é fiel à Sua Palavra; e, assim como tinha prometido em Josué 1.9, Ele estava com ela por onde quer que andasse.

A BÍBLIA DIZ

DEVOCIONAL

Eis a Rocha! Suas obras são perfeitas, porque todos os seus caminhos são juízo. Deus é fidelidade, e nele não há injustiça; é justo e reto. (Deuteronômio 32.4)

Você já observou as rochas? Elas não se abalam, mesmo quando as ondas batem ou quando cai a chuva. Isso, porque elas são um solo firme, e, ali, você pode pisar e pular seguro. A Bíblia compara Deus a uma rocha justamente por isso: Ele não muda, mas permanece sempre fiel em qualquer circunstância.

Sabendo disso, podemos confiar no fato de que, à medida que O obedecemos, cada uma das promessas que Ele fez será cumprida em nossas vidas, simplesmente porque a fidelidade do Senhor nunca acaba. A Palavra afirma que somos abençoados com todas as bênçãos das regiões celestiais (cf. Efésios 1.3), e, ao sermos fiéis, tudo o que fazemos prospera (cf. Salmos 1.3). Além disso, Deus sempre nos ouve e responde quando pedimos algo de acordo com a Sua vontade (cf. João 14.13-14).

Após ser lembrada da promessa bíblica de Josué 1.9, que nos diz para sermos "fortes e corajosos", Bibi não se sentiu mais sozinha. Da mesma forma, você também pode experimentar a fidelidade do Senhor em sua vida. Ao ler a Bíblia diariamente, sabemos quais são as promessas de Deus para nós; e, a partir de então, podemos vivê-las, porque Ele é fiel para cumprir Sua Palavra.

PERGUNTAS

1 Qual trecho desse devocional mais chamou a sua atenção? Copie-o aqui.

....
....
....
....
....

2 Como você pode aplicar esse aprendizado no seu dia a dia?

....
....
....
....
....

3 Você já falou com Deus hoje? Após essa leitura, escreva aqui uma oração, conforme o Espírito Santo o direcionar.

....
....
....
....
....

MÃOS À OBRA

DESAFIOS

Desafio 25: LEMBRANDO DO QUE NOS TRAZ ESPERANÇA...
A Bíblia ensina que devemos nos lembrar do que nos traz esperança (cf. Lamentações 3.21). Peça aos seus pais, avós, tios ou irmãos mais velhos que falem sobre momentos na vida de sua família em que Deus demonstrou Sua fidelidade. Talvez seus familiares não sejam cristãos, mas, com certeza, já viveram algo bom; e, enquanto contam suas histórias, você pode ajudá-los a perceberem o cuidado de Deus em suas vidas. Ouça com atenção e, depois, peça que cada familiar escreva em um papel a história que lhe contou. Recolha todos os testemunhos e os guarde em um pote, que se chamará: Pote da Esperança. Assim, sempre que alguém estiver sem esperança, poderá ler alguns dos testemunhos e se lembrar da fidelidade de Deus.

Desafio 26: A FIDELIDADE EM CUMPRIR PROMESSAS...
Faça um desenho de uma promessa de Deus sobre sua vida, mesmo que você ainda não tenha visto a realização dela. Lembre-se de que o Senhor faz aquilo que está de acordo com a Sua Palavra, a Bíblia. Sendo assim, confie e não tenha medo: desenhe os detalhes, as cores e você mesmo vivendo essa promessa. Depois de pronto, ore a Deus, agradecendo por Sua fidelidade e declarando que confia no Senhor, pois Ele é fiel à Sua Palavra.

Desafio 27: SENDO FIEL A DEUS...

Da mesma maneira que nosso Pai Celestial é fiel e cumpre toda a Sua Palavra, também devemos ser assim, uma vez que o Espírito Santo habita em nossos corações. Por isso, a partir de hoje, decida ter fidelidade em dedicar um momento do seu dia a Deus. Escolha um horário específico para conversar com Ele, como um amigo que está ali para ajudar e guiar você. Pode ser no seu quarto, no quintal, ou em algum lugar especial. Pegue sua Bíblia, leia, fale com o Senhor sobre aquilo que aprendeu, e tire suas dúvidas com Ele. Em um papel, faça um quadro com os dias da semana, como se fosse um calendário, e marque um X no dia em que você passar tempo com Deus. Assim, ao final de cada semana, você poderá acompanhar a sua evolução nessa jornada.

Desafio 28: MEMORIZANDO PALAVRAS DE FIDELIDADE...

A Bíblia é repleta de versículos sobre a fidelidade de Deus! Encontre dois desses versículos e escreva-os em um papel colorido e pequeno. Você pode fazer quantas cópias quiser. Cole-os pela sua casa, em pontos onde você sempre poderá ler. Isso o ajudará a memorizá-los. Assim, quando você estiver aflito ou com medo, poderá declarar com fé esse trecho, e se lembrar da fidelidade de Deus!

VAMOS RESOLVER O CAÇA-PALAVRAS?

PROCURE AS PALAVRAS:
AMABILIDADE | CONFIAR | FELIZ | PUREZA | UNIÃO

```
O A P U R E Z A N S A Y A
E S F A N O M T P I M O D
L V B L O E K E X R A D W
F H H V I E C R D I B G R
D E M A H T C O N F I A R
F N L Ç E C S I T I L N T
G E S I N T U D A A I C V
A A F O Z L N A S M D T W
E P V I O D I D N H A Z N
H K D T L D Ã E O R D O O
K R F R I F O C I O E D E
```

QUE TAL ESCREVER SEU VERSÍCULO FAVORITO DA SEMANA?

HORA DO EPISÓDIO

TEMPORADA 4: FIDELIDADE

DÊ VIDA AOS QUADRINHOS COM CORES LINDAS

DESENHE AQUI O QUE É FIDELIDADE PARA VOCÊ

MANDOU BEM!

O FRUTO ESPECIAL: MANSIDÃO

MANSO E HUMILDE COMO JESUS

Era sábado de manhã e quase toda a turminha já havia chegado ao parquinho. Eles estavam apenas aguardando o Bisnaguinha para começarem as brincadeiras. Pouco tempo depois, viram-no caminhando rapidamente para encontrá-los. Mas, de repente, enquanto andava, Bisnaga foi surpreendido por um menino mais velho, que estava correndo pelo parque, esbarrou nele e o derrubou no chão. Todas as crianças pararam para olhar a cena. E o menino, em vez de ajudar Bisnaguinha e se desculpar, começou a rir e disse:

— Olhe por onde anda, garoto!

Nesse momento, mesmo se sentindo um pouco envergonhado, Bisnaguinha respirou bem fundo, levantou-se do chão e respondeu:

— Você esbarrou em mim, não me ofereceu ajuda nem se desculpou e quer me acusar de ter feito algo errado? Que coisa feia! Saiba que você não agiu bem, mas está perdoado.

Ao dizer isso, Bisnaga seguiu em direção aos seus amigos, que, assim como todas as pessoas que estavam no parquinho, ficaram surpresos com o que tinham acabado de presenciar. Afinal, o Bisnaguinha teve coragem para confrontar o menino valentão, mesmo sendo menor que ele.

Quando, finalmente, chegou perto da turma, Bibi disse:

— Parabéns pela sua atitude, amigo!

— *Nossa*, Bisnaga, como conseguiu reagir desse jeito? Você costuma ser tão manso... — perguntou Tatá.

— É que uma pessoa mansa não é aquela que simplesmente se conforma com tudo o que acontece e fica calada. Ela sabe defender a si mesma e aos outros! — explicou Bisnaga.

— Exatamente! Quando alguém está fazendo algo de errado com a gente, podemos confrontar essa pessoa, com respeito e mansidão,

O FRUTO ESPECIAL: MANSIDÃO

assim como Bisnaguinha fez. Inclusive, às vezes precisaremos até gritar e pedir ajuda! — falou Bibi.

— É sério mesmo? Achei que uma pessoa mansa teria de dizer "sim" e se desculpar por tudo, mas hoje aprendi que não é bem assim. Nós podemos e devemos dizer "não" ao que é errado e nos defender quando necessário — disse Tuca, empolgada com a descoberta.

Todos ficaram bem animados e foram aproveitar o lindo dia no parque, felizes com o que tinham aprendido naquela manhã.

REFLITA

1. Você costuma se defender de forma respeitosa quando necessário?

2. Caso alguém tente fazer algo de errado com você ou com outra criança, o que você deve fazer?

3. O que é ser manso?

A BÍBLIA DIZ

DEVOCIONAL

[...] Siga a justiça, a piedade, a fé, o amor, a perseverança, a mansidão. (1 Timóteo 6.11)

Sabia que ser manso não é somente tratar as pessoas ao nosso redor com muita doçura e dizer "sim" para tudo? Na verdade, mansidão é uma característica de quem age de maneira adequada em toda situação, dominando o seu temperamento e atitudes. Como a Tuca bem aprendeu na história, uma pessoa mansa sabe se defender e sempre diz "não" para o que é errado.

É por isso que devemos aprender com Jesus a sermos mansos e humildes (cf. Mateus 11.29), assim, enfrentaremos tudo com sabedoria. Ao observarmos Seu exemplo, vemos que Cristo ficou indignado diante do que era errado e Se posicionou contra situações reprováveis. Foi isso o que aconteceu na passagem de Mateus 21.12-13, em que Ele expulsou vendedores e compradores do templo, derrubando suas mesas e cadeiras. Jesus também foi insultado por Seus inimigos muitas vezes, e apenas Se defendeu, nunca os atacou de volta.

Então, lembre-se de que mansidão não é sinal de fraqueza ou passividade, e sim de controlar e usar sua força da maneira correta. Uma pessoa mansa pode agir com muita coragem e ousadia, ao mesmo tempo em que rejeita a violência e, como diz o salmista, tem alegria na abundância de paz (cf. Salmos 37.11). Procure aprender com Jesus a ser manso em todas as ocasiões, pois a mansidão é uma qualidade que mostra que somos guiados pelo Espírito Santo.

PERGUNTAS

1 Qual trecho desse devocional mais chamou a sua atenção? Copie-o aqui.

2 Como você pode aplicar esse aprendizado no seu dia a dia?

3 Você já falou com Deus hoje? Após essa leitura, escreva aqui uma oração, conforme o Espírito Santo o direcionar.

O FRUTO ESPECIAL: MANSIDÃO

DIA
30

BEM-AVENTURADO AQUELE QUE É MANSO

Era semana de Páscoa e as famílias da turma haviam combinado de passar esses dias juntos no sítio do tio Makoto: um lugar incrível, decorado com personagens e referências bíblicas. No dia da viagem, eles alugaram uma van, e passaram todo o caminho conversando e fazendo brincadeiras.

Durante o trajeto, Bibi comentou:

— Estou muito animada para chegar ao sítio! Viajar com a turma inteira já é muito legal, mas com todas as nossas famílias é *trilegal*!

— É verdade, Bibi! Não vejo a hora de brincarmos de pique-esconde de novo — exclamou Duda.

— Bibi, o tio Makoto vai estar lá? — perguntou Leleco.

— Eu acho que sim. Por que, Leleco? — disse Bibi.

— Quero fazer uma pergunta a ele — anunciou Leleco.

— O que você quer perguntar? — questionou Tatá.

— Vocês saberão quando chegarmos lá! Fiquem tranquilos, meus amigos.

— O Leleco está misterioso hoje — Zezé cochichou para o Bisnaguinha.

Quando chegaram ao sítio, todas as crianças saíram correndo, mas Leleco andava bem devagar.

— Vamos, Leleco! — Bisnaguinha gritou — Mais rápido! Quer chegar amanhã?

— Podem ir vocês primeiro, eu vou com calma — respondeu Leleco.

— Com calma? Pessoal, vocês perceberam que o Leleco está diferente hoje? Menos agitado, mais tranquilo... — disse Duda.

— Eu percebi! Parece que ele está sério. O que será que aconteceu? — comentou Bisnaguinha.

161

O FRUTO ESPECIAL: MANSIDÃO

A turma logo avistou o tio Makoto e foram conversar com ele. E, assim que se aproximaram, Leleco, ansioso, falou:

— Tio Makoto, desculpe perguntar, mas você comprou essa terra ou a recebeu como herança?

Todos se entreolharam, estranhando a pergunta de Leleco.

— Bom... Essa terra pertencia aos meus pais. Então posso dizer que a recebi por herança — tio Makoto respondeu calmamente.

— Eu tinha certeza! E sabe como? Porque você é manso! — Leleco fechou os olhos e começou a falar com Deus — Pai, eu prometo que vou me comportar, e sempre tratar as pessoas com gentileza e humildade.

— Como assim, Leleco? — perguntou Tatá.

— Hoje de manhã, eu li Mateus 5.5, e lá está escrito que os mansos herdarão a terra. No mesmo momento, lembrei que o tio Makoto é uma das pessoas mais dóceis e tranquilas que eu conheço; não é à toa que ele herdou esse sítio tão legal. Eu só precisava confirmar com ele... Por isso perguntei, mas já sabia a resposta!

Todos caíram na gargalhada.

— *Ai*, Leleco, só você para perguntar uma coisa dessas para o tio Makoto — comentou Bisnaguinha.

— Por mais que o tio Makoto tenha herdado esse sítio, o que Jesus quer nos ensinar, na verdade, é que os mansos serão recebidos no Reino de Deus. — explicou Bibi — Muito melhor do que ganhar algo aqui nesta Terra, é ter uma herança dos Céus, por toda a eternidade! Muito abençoados serão aqueles que agirem com mansidão e forem humildes de coração.

— Agora tudo está claro... mas, de qualquer forma, preciso ser manso! Tio Makoto, quero aprender com o senhor — disse Leleco.

Todos voltaram a rir e, quando se acalmaram, tio Makoto respondeu:

— Fico lisonjeado, Leleco, mas meu maior exemplo é, e sempre será, Jesus, que em tudo foi manso e humilde, por amor a nós.

DEVOCIONAL

Bem-aventurados os mansos, porque herdarão a terra. (Mateus 5.5)

Mateus 5.5 nos ensina que as pessoas mansas são felizes e participam de grandes bênçãos, podendo até mesmo herdar a Terra. Mas o que uma coisa tem a ver com a outra? Bem, o versículo não nos fala que iremos conquistá-la, ou tomá-la de alguém, mas que simplesmente a herdaremos. Portanto, quando somos mansos e humildes, aprendemos a descansar, ou seja, a receber de Deus as bênçãos que Ele já separou para nós.

É por esse motivo que devemos cultivar um coração manso, cheio de paz, que ignora agressões, perdoa, não desenvolve o mal, não guarda mágoas e ama a todos. Isso não significa que seremos feitos de bobos ou que cruzaremos os braços para esperar que Jesus lide com nossas obrigações, mas que saberemos cuidar de nossos próprios corações, e que confiaremos no Senhor em qualquer situação.

A mansidão nos permite descansar em Deus, com a certeza de que herdaremos, gratuitamente, as bênçãos de nosso Pai. Enquanto isso, nós mesmos podemos abençoar pessoas, guiá-las para que também aprendam a ser mansas como Jesus e, assim, possam receber tudo o que Ele tem para elas.

PERGUNTAS

1 Qual trecho desse devocional mais chamou a sua atenção? Copie-o aqui.

2 Como você pode aplicar esse aprendizado no seu dia a dia?

3 Você já falou com Deus hoje? Após essa leitura, escreva aqui uma oração, conforme o Espírito Santo o direcionar.

O FRUTO ESPECIAL: MANSIDÃO

RESPONDENDO COM MANSIDÃO

DIA 31

Era uma manhã de segunda-feira e, como sempre, a casa de tia Ju encontrava-se numa correria só. Para piorar, todos estavam atrasados e ainda tinham de arrumar as mochilas e as lancheiras depressa, antes de irem à escola.

— Crianças! — tia Ju gritou já na porta de casa — Tatá, Zezé!

— Já estou indo! — respondeu Tatá do seu quarto.

— Está vindo em qual velocidade, minha filha? — questionou sua mãe.

— Pronto, cheguei, mãe! Cadê o Zezé? — perguntou Tatá, ofegante, com a mochila nas costas — Zezé! — ela gritou.

— Estou pronto também! Tenha calma, nervosinha! — respondeu Zezé, indo até a porta com o par de tênis na mão e o cabelo todo bagunçado.

— Vamos, crianças, entrem no carro, porque já estamos atrasados! — disse tia Ju.

Todos entraram e tia Ju deu a partida. No caminho para a escola, perceberam que o trânsito estava bem agitado; buzinavam o tempo todo e várias motos passavam perto dos carros, parecendo até foguetes. De repente, um veículo bateu de leve na traseira do carro deles. As crianças levaram um grande susto e ficaram nervosas. Alguns segundos depois, um rapaz desceu do automóvel que havia batido neles, gritando com a tia Ju.

Ela ainda estava um pouco confusa com a situação, tentando entender o que havia acontecido. Enquanto abria a porta do carro para sair, lembrou-se dos versículos que havia lido naquela manhã, em seu devocional: 1 Pedro 3.15-16. Em seu coração, tia Ju ouviu uma doce voz dizendo: "faça tudo com mansidão e respeito". Ela sabia que só poderia ser o Espírito Santo falando, então respirou e respondeu calmamente ao rapaz que gritou com ela.

O FRUTO ESPECIAL: MANSIDÃO

Ao perceberem a forma gentil e dócil com a qual tia Ju falava, Tatá e Zezé se acalmaram.

— Tatá, você viu a mamãe? Nem parece ela! O que será que aconteceu? — perguntou Zezé, sem acreditar.

— Não sei, Zezé. Mas o homem está se acalmando, parece até um pouco envergonhado. E as pessoas que estão em volta dos carros estão sorrindo para a mamãe — respondeu Tatá.

— Olhe lá, Tatá, o homem está chorando — disse Zezé, apontando para fora.

— É mesmo, e a mamãe está voltando! — Tatá exclamou um pouco confusa.

— Mãe, o que aconteceu? A senhora não gritou de volta com o homem e ele está chorando lá fora; estou confuso! — disse Zezé.

— Crianças, a mãe da Bibi está aqui perto. Ela irá nos fazer o favor de levar vocês para a escola. — falou tia Ju, conversando com a tia Rosana por mensagem de texto no celular — Eu precisarei ficar aqui mais um pouco para resolver algumas coisas, mas está tudo bem! — continuou, confortando os filhos.

— Mãe, tudo bem mesmo? — perguntou Tatá.

— Sim, minha filha — respondeu tia Ju.

— Achamos estranho você ficar calma desse jeito — falou Zezé — O homem que causou o acidente desceu do carro gritando com a senhora e agora ele está chorando.

— Pois é, meu filho. Eu estava prestes a sair do carro, e o Espírito Santo falou ao meu coração algo que está em 1 Pedro 3.15-16. Temos de estar sempre preparados para responder bem às pessoas, mesmo se falarem mal de nós ou nos tratarem de maneira rude. Em tudo o que fizermos, devemos glorificar a Deus, crianças! O rapaz estava chorando porque ficou constrangido. Ele não esperava ser tratado com mansidão em uma situação dessas — ela explicou.

Um tempo depois, a tia Rosana, mãe de Bibi, chegou para levar Tatá e Zezé à escola. No carro, eles abriram suas Bíblias para lerem os versículos indicados por tia Ju e, ali, decidiram que sempre falariam com mansidão, assim como aprenderam com o exemplo de sua mãe.

DEVOCIONAL

[...] Santifiquem a Cristo, como Senhor, no seu coração, estando sempre preparados para responder a todo aquele que pedir razão da esperança que vocês têm. Mas façam isso com mansidão e temor, com boa consciência, de modo que, naquilo em que falam mal de vocês, fiquem envergonhados esses que difamam a boa conduta que vocês têm em Cristo. (1 Pedro 3.15-16)

Temos a tendência de pensar que estamos sempre certos. Dificilmente, percebemos e admitimos as nossas falhas. Por isso, em algumas situações, como a que tia Ju viveu na história, as pessoas tentam, ao máximo, provar que o outro está errado e, às vezes, acabam sendo agressivas. Contudo, quem tem o Espírito Santo dentro de si deixa de lado a necessidade de sempre "ganhar" a discussão e responde com mansidão, sem brigar ou contestar o tempo inteiro.

Devemos expressar um espírito manso em todos os momentos, mesmo diante de desentendimentos, da mesma forma como a tia Ju agiu. Assim, os sentimentos de rancor e vingança dão lugar à paciência e compreensão com o nosso próximo, revelando que somos guiados pelo Espírito de Deus.

Quando era insultado, Jesus Se defendia, mas não retribuía Seus inimigos com insultos. Quem tem o fruto do Espírito entende que Deus está no controle de tudo e que Ele fará justiça como desejar. Portanto, caso você seja desafiado, não responda com arrogância ou raiva, mas fale com respeito e humildade. Quando nos posicionamos dessa maneira, constrangemos até mesmo as pessoas que estão contra nós, e as incentivamos a mudarem de comportamento.

PERGUNTAS

1 Qual trecho desse devocional mais chamou a sua atenção? Copie-o aqui.

2 Como você pode aplicar esse aprendizado no seu dia a dia?

3 Você já falou com Deus hoje? Após essa leitura, escreva aqui uma oração, conforme o Espírito Santo o direcionar.

O FRUTO ESPECIAL: MANSIDÃO

DIA 32

O MANSO AOS OLHOS DO PAI

Era um sábado de agosto quando as meninas da turma se reuniram para um chá da tarde. O evento foi realizado na casa de campo da avó de Amália, que preparou para todas muitos biscoitinhos, bolos e tortas de vários sabores. Elas amaram cada detalhe, pois se sentiam princesas de verdade.

A casa era muito linda, arrumada e cheirosa. Tinha alguns quadros com paisagens nas paredes, vasos com flores e uma lareira na sala de estar. Perto dela, estavam empilhadas diversas revistas de moldes de vestidos, que a avó de Amália utilizava para seu trabalho como costureira.

Ao se depararem com aquelas capas, os olhos das meninas brilharam e não demorou muito para que pedissem autorização para folhear aquelas páginas cheias de roupas deslumbrantes, enquanto aguardavam o lanche. Além dos moldes, também havia várias propagandas de joias, perfumes, sapatos, maquiagens e penteados ali. E todo aquele universo de beleza encantou cada uma delas.

— *Ah*, eu quero comprar todas essas joias assim que ficar mais velha. Imaginem só? Se eu me arrumar assim, sempre estarei bonita — disse Amália.

— Eu também! Quero um armário cheio de vestidos. Na verdade, repleto de todos os tipos de roupa, com vários casacos, sapatos... — concordou Carol, entusiasmada.

— Mas meninas, por que vocês querem tudo isso? — Duda interrompeu a animação das amigas.

— *Ué*, Duda, você não quer estar sempre estilosa e bem arrumada? — respondeu Amália.

Enquanto elas conversavam, Carol deixou de lado a revista que estava segurando e pegou aquela que estava nas mãos de Amália, cheia de imagens de acessórios:

O FRUTO ESPECIAL: MANSIDÃO

— Eu terei todos esses e... — dizia Amália.

Vendo o que tinha acabado de acontecer, ela ficou furiosa e gritou:

— Você pegou a minha revista? Eu vi primeiro! Eu é que terei todos esses acessórios!

A confusão estava feita: Carol e Amália seguraram, uma em cada ponta da revista, e começaram a puxar ao mesmo tempo. Até que, finalmente, Duda gritou:

— Chega!

Elas se assustaram e ficaram paralisadas olhando para a amiga, que voltou a falar:

— Parem de brigar! Amália, Carol, eu até quero vestidos, perfumes e maquiagens para me arrumar quando crescer, mas de uma coisa eu sei: de nada adianta comprarmos tudo isso se não formos mansas. 1 Pedro 3.3-4 nos ensina que a beleza não deve se encontrar em enfeites, cabelos, joias de ouro ou roupas finas, mas, sim, em nosso interior. Apenas seremos verdadeiramente bonitas para sempre se tivermos um espírito manso e tranquilo.

As meninas olharam uma para a outra e, logo em seguida, Amália disse:

— Sim, Duda, você tem razão. Peço desculpas por ter gritado com você, Carol. A verdade é que eu quero ter essas coisas lindas para refletir, por fora, a beleza que está dentro de mim. Mas, antes, realmente preciso desenvolver mansidão...

— Eu que peço desculpas, Amália. Não deveria ter pegado a revista das suas mãos sem pedir — afirmou Carol.

As meninas se abraçaram, fizeram as pazes, e, no mesmo instante, a avó de Amália as chamou do jardim:

— Princesas, o chá da tarde está pronto, venham!

Enquanto comiam tudo o que havia sido preparado, as meninas conversaram, lembrando de momentos em que cada uma foi mansa e tranquila. Elas perceberam que, ao agirem assim, já eram belas e de grande valor para Deus.

DEVOCIONAL

Que a beleza de vocês não seja exterior, como tranças nos cabelos, joias de ouro e vestidos finos, mas que ela esteja no ser interior, uma beleza permanente de um espírito manso e tranquilo, que é de grande valor diante de Deus. (1 Pedro 3.3-4)

Sabia que Deus Se importa com a beleza? Sim, tanto do que é visível como do que não é, afinal, tudo o que Ele fez é belo. O Pai teve o cuidado de criar o Universo repleto de coisas preciosas, coloridas e cheias de detalhes. Mas Sua Palavra também nos lembra de que nada disso deve ser mais importante do que a beleza interior, pois ela, sim, tem grande valor.

Muitas vezes, nós nos preocupamos demais com o que podemos ver, como nossas roupas, penteados e acessórios favoritos (não somente as meninas, viu?) e acabamos permitindo que o nosso interior fique "feinho". Ou seja, deixamos nossos comportamentos, atitudes e emoções de lado. A maneira como falamos, tratamos um amigo ou ajudamos nossos familiares mostra o quão belos somos por dentro, e essa beleza é a mais importante. É claro que isso não quer dizer que não devamos nos preocupar com o nosso exterior, afinal, ele também é valioso e deve refletir aquilo de extraordinário que temos por dentro, como Amália disse ao final da história.

Entretanto, precisamos nos lembrar de que, quando temos um espírito manso e tranquilo, expressamos uma beleza sem fim. A beleza exterior passa, mas, ao tratarmos os outros com mansidão, considerando-os sempre superiores a nós mesmos (cf. Filipenses 2.3-4), seguimos os passos de Jesus e cultivamos algo que é eterno.

PERGUNTAS

1 Qual trecho desse devocional mais chamou a sua atenção? Copie-o aqui.

....
....
....
....
....

2 Como você pode aplicar esse aprendizado no seu dia a dia?

....
....
....
....
....

3 Você já falou com Deus hoje? Após essa leitura, escreva aqui uma oração, conforme o Espírito Santo o direcionar.

....
....
....
....
....

MÃOS À OBRA
DESAFIOS

Desafio 29: GUIADOS PELO ESPÍRITO SANTO...
Durante essa semana, atente-se aos momentos que saem do seu controle: quando um amigo não concorda com algo que você disse; quando sente que o horário de brincar acabou muito rápido; ou quando fica sem sono na hora de dormir. Nessas situações, antes de fazer qualquer coisa, anote o que está sentindo em um caderno. Pare, leia e releia o que anotou, acalme-se, respire fundo e peça ao Espírito Santo para enchê-lo de mansidão e ajudá-lo a agir com tranquilidade e serenidade.

Desafio 30: SOLUCIONANDO PROBLEMAS!
Durante o dia de hoje, você será um defensor! O que isso significa? Se você presenciar uma situação de discussão entre seus colegas ou vir alguma pessoa sendo injustiçada, seu papel será o de acalmar as coisas. Aja com mansidão, posicione-se com firmeza e respeito, buscando soluções para resolver alguns problemas que aparecerem. Peça ao Espírito Santo que lhe dê sabedoria para lidar da forma certa em todas as situações.

Desafio 31: COMPARTILHANDO A MANSIDÃO...

Procure cinco passagens bíblicas sobre a vida de Jesus que revelem como Ele é manso. Compartilhe com seus amigos tudo o que você aprender ao ler esses textos e ao reparar na maneira calma e dócil como o Senhor Se comporta. Depois de falar sobre a importância da mansidão, você também pode fazer uma oração com eles, e pedir a Deus que cuide de seus corações, para que sempre saibam como agir de forma mansa igual a Jesus.

Desafio 32: O CARTAZ DA MANSIDÃO!

Utilizando uma cartolina, folha ou lousa, faça um quadro que o ajude a entender e viver a mansidão! Anote o seu versículo preferido entre aqueles que apareceram neste bloco do devocional, enfeite com desenhos ou figurinhas, e escreva: "O meu maior desafio em mansidão é quando...", "A última vez que fui manso foi...", "Hoje, compartilhei mansidão com...". Depois de pronto, coloque o quadro em um lugar que está sempre à sua vista, para se lembrar de que precisa ser manso em todo tempo. Você também pode completar essas frases com lápis e atualizar diariamente. Em poucos dias, notará diferença em suas atitudes e palavras!

VAMOS RESOLVER O CAÇA-PALAVRAS?

PROCURE AS PALAVRAS:

MANSIDÃO | AFETO | HUMILDADE | DISCIPLINA | OBEDIÊNCIA

```
D F H S K Z N C T A D E
I D U H E N T S I Y D O
S I M T R T A C G T U T
C N I T S K N A D E I G
I H L U E V D R W V G A
P C D P E O O E F O R F
L E A D L S M M Y Ó S E
I N D J L E V I P E N T
N A E H F T N R F E E O
A O M A N S I D Ã O H N
O B E D I Ê N C I A E T
```

QUE TAL ESCREVER SEU VERSÍCULO FAVORITO DA SEMANA?

HORA DO EPISÓDIO

TEMPORADA 6: MANSIDÃO

DÊ VIDA AOS QUADRINHOS COM CORES LINDAS

DESENHE AQUI O QUE É MANSIDÃO PARA VOCÊ

O FRUTO ESPECIAL: DOMÍNIO PRÓPRIO

DIA 33

FUGINDO DAS TENTAÇÕES

Durante o recreio, Rodrigo, um colega de classe do Leleco e do Bisnaguinha, mostrou a eles seu celular novo. Antes de voltarem à sala de aula, chamou alguns dos meninos para irem ao banheiro e disse que queria mostrar algo secreto no celular.

Todos estavam curiosos e empolgados para ver o que era! Quer dizer, menos o Bisnaguinha, que ficou desconfiado. Afinal, se era algo tão legal assim, por que Rodrigo não poderia mostrar no pátio da escola, em frente a todo mundo? Depois que a turma passou pelo inspetor, Rodrigo disse:

— Olhe só, pessoal, vou mostrar uns vídeos lá no banheiro, porém se contarem isso para alguém, vão se ver comigo, *hein*?!

Na mesma hora, Bisnaguinha disse baixinho:

— Leleco, isso não está me cheirando bem!

— É claro, *né*, Bisnaga? Estamos perto do banheiro! — respondeu Leleco.

Bisnaguinha arregalou os olhos para o amigo e, com muita coragem, disse:

— Leleco! Você se lembra do que aprendemos domingo lá na igreja? Quando sentimos um incômodo ao fazer alguma coisa, como um sinal de alerta no nosso coração, pode ser o Espírito Santo nos avisando que aquilo é errado. Deus fala também por meio da nossa consciência, e a minha está dizendo que precisamos sair daqui!

Assim que Bisnaguinha terminou de falar, todos os meninos entraram no banheiro e fecharam a porta. Rodrigo os chamou para perto e começou a falar:

— Meus primos me mostraram um vídeo muito legal ontem à noite. No começo, achei meio estranho, mas eles me disseram que é normal para os homens assistirem a essas coisas!

O FRUTO ESPECIAL: DOMÍNIO PRÓPRIO

— Não, não podemos fazer isso! Leleco, vamos sair daqui agora! — disse Bisnaguinha.

— Mas, Bisnaga, estou muito curioso agora. Deixe-me ver só um pouquinho? — implorou Leleco.

— Meu amigo, tenha autocontrole! O domínio próprio faz parte do fruto do Espírito Santo. Peça a ajuda d'Ele para conseguir se controlar e não ver o que não deve, mesmo estando curioso. Minha mãe avisou que muitas pessoas veem coisas horríveis na *internet*. E, sempre que fazem isso, escondem de seus pais e de pessoas responsáveis, porque, no fundo, sabem que é errado e sentem vergonha disso.

— Sério? Eu não pensei que eles poderiam estar envolvidos com algo tão ruim. Meu Senhor, eu preciso da Sua ajuda! — disse Leleco, juntando as duas mãos e olhando para cima.

— Pois é, meu amigo, provavelmente estão vendo algo bem feio mesmo, como minha mãe me alertou — concordou Bisnaga.

E Bisnaguinha logo puxou o braço do Leleco e disse bem alto:

— Leleco, é hora de fugir. Tchau, pessoal!

Eles saíram correndo para fora do banheiro, como se estivessem disputando uma prova de atletismo nas Olimpíadas!

— Seus covardes! Não sabem o que vão perder! — gritaram os colegas.

Bisnaga e Leleco não se importaram com o que estavam dizendo e correram até chegarem à quadra da escola. Logo depois, Bisnaguinha decidiu orar pelo seu amigo, pedindo ao Senhor para fortalecê-lo e ajudá-lo a exercer o domínio próprio. Assim que terminaram de orar, Leleco sentiu a mesma coragem de Bisnaga e agradeceu:

— *Puxa*, Bisnaga, muito obrigado. Se não fosse por você, talvez eu tivesse visto coisas que não deveria e isso poderia até me traumatizar!

— Imagina, Leleco, fique em paz. Devemos agradecer ao Espírito Santo por nos livrar daquela tentação — respondeu Bisnaguinha com um sorriso no rosto.

Pouco tempo depois, o sinal tocou e os dois voltaram à sala de aula, felizes e confiantes de que Deus sempre estaria pronto a ajudá-los a se controlar, evitando os caminhos que levam ao pecado.

A BÍBLIA DIZ

DEVOCIONAL

O prudente vê o mal e se esconde; mas os ingênuos seguem em frente e sofrem as consequências. (Provérbios 22.3)

O rei Salomão, um homem muito sábio que governou Israel, sempre soube dar bons conselhos, pois Deus havia lhe concedido sabedoria. Nessa passagem, ele falou sobre uma característica importante de alguém que tem domínio próprio: a prudência. Afinal, à medida que crescemos, queremos descobrir coisas novas e ter experiências incríveis. Porém, desde cedo, precisamos aprender a respeitar certos limites para não sairmos de perto da proteção de Deus fazendo aquilo que O desagrada.

Não existe alegria maior que vivermos conectados ao Senhor, tendo intimidade com Ele. É dessa forma que sentimos e ouvimos o Espírito Santo a todo momento! Ele nos concede discernimento para perceber o que é bom e o que é mau em qualquer situação. Foi assim que Bisnaguinha notou que havia algo muito errado no convite de Rodrigo. Ele foi prudente e escolheu exercer o seu domínio próprio para fazer a coisa certa, fugindo da tentação.

Quando queremos comer um doce na hora errada, por exemplo, ou fazer algo ruim só porque muitos estão fazendo, precisamos dominar as nossas vontades e emoções, afastando-nos o mais rápido possível daquilo que nos tenta, assim como o Bisnaga! Portanto, quando acordar todas as manhãs, peça ao Espírito Santo que, seja onde for, Ele aumente sua prudência e discernimento, para que você também tenha mais domínio próprio. Se necessário, peça a ajuda dos seus pais e preste atenção às suas correções e conselhos para vencer o mal nessa luta e honrar a Deus com toda a sua vida.

PERGUNTAS

1. Qual trecho desse devocional mais chamou a sua atenção? Copie-o aqui.

2. Como você pode aplicar esse aprendizado no seu dia a dia?

3. Você já falou com Deus hoje? Após essa leitura, escreva aqui uma oração, conforme o Espírito Santo o direcionar.

O FRUTO ESPECIAL: DOMÍNIO PRÓPRIO

DIA 34

CONTROLANDO OS IMPULSOS

Bibi tinha começado mais uma semana de aulas, e tanto ela quanto seus colegas de classe estavam um pouco nervosos, pois as avaliações aconteceriam nos próximos dias. No intervalo, sua amiga Carlinha andava muito agitada, de um lado para o outro, até que viu Bibi e foi conversar com ela:

— Ei, Bibi, está acontecendo uma coisa lá na sala de aula...

— O que foi, Carlinha? — Bibi respondeu.

— Quando a professora estava saindo hoje, deixou cair a prova que vai aplicar daqui a uns dias. Os meninos pegaram, e agora todo mundo está copiando as questões no caderno, para pesquisarem as respostas em casa e acertarem todas no dia do teste.

— *Eita*! E ninguém pensou em devolvê-la para a professora? — perguntou Bibi.

— Não, porque senão ela vai mudar as perguntas e, com certeza, todos vão levar uma bronca. — respondeu Carlinha — Eu cheguei a pensar em copiar as questões também, mas senti que não deveria fazer isso e vim aqui falar com você...

— Isso não está certo! E você não deveria fazer uma coisa dessas de jeito nenhum, pois, assim como eu, é temente a Deus, não é?

— Sou, sim, Bibi, mas não estou achando fácil me conter, estamos cheios de avaliações para fazer e eu não consegui estudar muito bem para essa. Se ao menos eu soubesse as questões...

— Carlinha, respire fundo e feche os seus olhos. — Bibi segurou nos ombros da amiga, que fez conforme ela sugeriu — Tenho certeza de que existe uma vozinha no seu coração dizendo para você se segurar e não copiar as questões da prova, não é mesmo?

— Sim — Carlinha respondeu enquanto relaxava os ombros.

— É o Espírito Santo falando com você em sua consciência! — exclamou Bibi.

O FRUTO ESPECIAL: DOMÍNIO PRÓPRIO

Ela suspirou e disse:

— Você tem razão, eu preciso me controlar.

— Muito bem, Carlinha! Isso é domínio próprio: andarmos segundo a vontade de Deus, e não obedecermos aos nossos desejos e impulsos. Inclusive, vou falar com a professora assim que o recreio acabar! — disse Bibi, decidida.

— Eu vou junto, Bibi. Ela precisa mesmo saber o que está acontecendo para mudar as questões da prova, assim todos irão tirar uma nota justa de acordo com o que aprenderam. Até mesmo eu, que não estudei muito.

Bibi se alegrou com a resposta de Carlinha e prometeu que a ajudaria a estudar no pouco tempo que ainda tinham antes daquela avaliação. Elas procuraram a professora e, assim que a encontraram, contaram-lhe toda a verdade. Carlinha também assumiu que passou por um momento de dúvida, e que quase copiou as questões, mas teve autocontrole e fez o que era certo com a ajuda de Bibi, sua amiga de confiança.

A professora ficou feliz com as duas e agradeceu muito. A prova não estava fácil, e ela de fato mudou todas as questões. Além disso, a classe levou uma superbronca, porém tudo terminou bem, uma vez que todos receberam a nota merecida.

REFLITA

1. Você já conseguiu algo de forma injusta? Se sim, você se sentiu em paz com isso ou não?

2. Por que foi importante que Carlinha parasse, respirasse e pensasse antes de tomar uma atitude?

3. Quais são os momentos em que você mais precisa da ajuda do Espírito Santo para ter domínio próprio?

A BÍBLIA DIZ

DEVOCIONAL

Portanto, os que estão na carne não podem agradar a Deus. Vocês, porém, não estão na carne, mas no Espírito, se de fato o Espírito de Deus habita em vocês [...]. (Romanos 8.8-9)

O que a Bíblia trata como "carne", não é aquilo que comemos em uma deliciosa refeição. Nesse contexto, ela representa nossos desejos, aquilo que gostaríamos de fazer segundo nossa natureza humana. Ser dominado por ela significa não saber controlar nossas ações e, por isso, acabar agindo por impulso. O Espírito Santo nos ajuda a lutar contra isso: ao plantar o domínio próprio em nossos corações, podemos ter controle sobre a maneira como agimos e, assim, andar de acordo com a vontade de Deus.

Na história, Carlinha parou, respirou fundo e ouviu a voz do Espírito Santo em seu coração, antes de tomar qualquer atitude em relação à prova que a professora deixou cair. Podemos fazer o mesmo que ela todos os dias. Esse poder para controlar nossas vontades também já está dentro de nós. Não é maravilhoso? O próprio Deus nos ajuda a permanecer perto d'Ele, com obediência e amor, pois sabe o quanto precisamos da Sua presença constantemente.

Ao agirmos com autocontrole, colocando a verdade acima das nossas emoções, pode ser que sejamos julgados pelas pessoas como os "diferentões" ou "crentes demais". Independentemente disso, faça a sua parte: seja na escola, com sua família ou amigos da rua, lembre-se de que você é sal da Terra e luz do mundo (cf. Mateus 5.13-14), chamado para fazer a diferença e viver em verdade. Por isso, controlar os impulsos é algo muito importante, para que cada vez mais possamos agradar a Deus, Aquele que nos ama mais que qualquer pessoa!

PERGUNTAS

1 Qual trecho desse devocional mais chamou a sua atenção? Copie-o aqui.

....

....

....

....

2 Como você pode aplicar esse aprendizado no seu dia a dia?

....

....

....

....

3 Você já falou com Deus hoje? Após essa leitura, escreva aqui uma oração, conforme o Espírito Santo o direcionar.

....

....

....

....

O FRUTO ESPECIAL: DOMÍNIO PRÓPRIO

DESFRUTANDO DO DOMÍNIO PRÓPRIO

DIA 35

Era quinta-feira e Tatá chegou à escola muito feliz. Ao vê-la assim, Duda logo perguntou a razão da alegria de sua amiga, e Tatá respondeu:

— Amiga, você não vai acreditar! Vou começar a ganhar mesada. Isso não é incrível? — disse Tatá com um brilho nos olhos.

— *Uau*, é incrível mesmo! Eu já ganho mesada, meus pais me dão esse dinheiro para eu aprender sobre finanças e sobre a importância de dar o dízimo — afirmou Duda.

Então, Tatá contou que queria guardar seu dinheiro para comprar uma bicicleta e passear no parque aos finais de semana. Ela convidou Duda para participar de seu projeto; a proposta foi aceita com alegria.

No dia seguinte, as duas amigas começaram a planejar como economizariam para comprar as bicicletas. Parte do plano era economizar na hora do lanche, comendo aquilo que suas mães enviavam em suas lancheiras em vez de comprar algo na cantina da escola. A hora do intervalo chegou, e as duas amigas foram para o pátio. Tatá começou a sentir fome e, sem se lembrar da conversa, pegou o dinheiro e foi para a lanchonete. Pediu duas suculentas coxinhas de frango com catupiry e um refrigerante grande.

Os dias foram se passando e Tatá teve a mesma atitude várias vezes. Quando ela ficava com vontade de comer algo diferente, pegava um pouco da sua mesada e gastava na cantina. Alguns meses depois, Duda entrou na sala de aula e correu em direção à amiga para compartilhar sua conquista e fazer um convite:

— Tatá, você não vai acreditar! No próximo final de semana, meu pai me levará para comprar a minha bicicleta! Você quer ir comigo?

O FRUTO ESPECIAL: DOMÍNIO PRÓPRIO

— O quê? — disse Tatá com cara de espanto — Como você conseguiu dinheiro suficiente para comprar a bicicleta? Ainda falta muito para eu juntar o que preciso.

— Tatá, eu consegui porque tenho guardado com muito cuidado meu dinheirinho. Foi bem difícil não comprar docinhos no recreio, ou meu chocolate preferido no mercado, mas eu pedi ajuda para o Espírito Santo e Ele me fortaleceu com domínio próprio. Se fosse um caso de necessidade, eu usaria meu dinheiro, porém o Senhor me ajudou a entender que, quando era apenas vontade, eu poderia me dominar para desfrutar de algo melhor depois. Além disso, dar o dízimo em cima do valor que recebia todos os meses sempre me lembrava de que o Senhor estava me abençoando, e isso me incentivava a persistir — respondeu Duda.

— *Ai*, meu Jesus *Cristinho*! Você tem toda a razão. Sei que você falou muitas vezes para eu não me deixar levar pela vontade de comer os lanches da cantina e, mesmo assim, fiz isso. E até na hora de dar o dízimo, eu ficava com medo e acabei falhando algumas vezes. Duda consolou a sua amiga, dizendo que ela pedir perdão ao Senhor por seu descontrole e ser renovada. Elas oraram pedindo por mais domínio próprio, para sempre cuidarem bem do que ganhavam dos seus pais. Oraram não só pela mesada, mas também por todos os presentes, brinquedos e roupas.

Alguns meses depois, Tatá conseguiu comprar sua bicicleta, já que, com a ajuda do Espírito Santo, desenvolveu domínio próprio para administrar sua mesada. E foi assim que as duas amigas iniciaram o projeto de passeios de bicicleta. Com o tempo, as duas começaram a multiplicar suas economias, sempre abençoando a obra de Deus com seus dízimos e ofertas.

REFLITA

1 Você pede ajuda aos seus pais e ao Espírito Santo para economizar e cuidar bem do seu dinheiro e daquilo que ganha?

A BÍBLIA DIZ

DEVOCIONAL

A Bíblia diz que os olhos de Deus enxergam muito bem todas as coisas que existem (cf. Hebreus 4.13). Nada está escondido ou oculto à Sua visão, nem o passado e o futuro. Sabe o que isso quer dizer? Que Ele enxerga todos os nossos caminhos e vontades muito melhor do que nós mesmos. Além disso, Ele quer guiar nossos passos, para que vençamos o pecado e as armadilhas do Inimigo.

Muitas vezes, aquilo que o ser humano pensa ser bom para ele, na verdade, é ruim; e aquilo que ele considera ruim ou difícil demais é bom aos olhos do Senhor. Assim como aconteceu com a Tatá, algumas vontades do seu coração podem parecer boas, porém não lhe fazem bem. A consequência de ela ter decidido comer salgadinhos e doces na lanchonete atrapalhou o propósito de economizar a mesada para comprar sua bicicleta.

Talvez você já tenha deixado as vontades controlarem sua vida, porém o controle de tudo deve ser do Senhor; confie n'Ele! Como você tem aprendido, ter domínio próprio é um sinal de que o Espírito Santo habita em seu coração. Com Ele, conseguimos lidar com as nossas vontades de maneira responsável e sábia. Aprendemos a controlar nossas emoções e administrar tudo o que temos, inclusive o nosso dinheiro. Entendemos que as nossas ações devem ser para a glória de Deus, e que a verdadeira riqueza é uma vida em abundância, resultado da obediência aos Seus mandamentos!

PERGUNTAS

1 Qual trecho desse devocional mais chamou a sua atenção? Copie-o aqui.

2 Como você pode aplicar esse aprendizado no seu dia a dia?

3 Você já falou com Deus hoje? Após essa leitura, escreva aqui uma oração, conforme o Espírito Santo o direcionar.

O FRUTO ESPECIAL: DOMÍNIO PRÓPRIO

DIA 36

DOMINANDO NOSSO CORPO

Após uma refeição deliciosa com sua família, Bibi decidiu brincar um pouco com suas bonecas. De repente, o telefone tocou. Era a Carol, preocupada com a prova do dia seguinte e pedindo a ajuda da amiga para estudarem juntas. Bibi bem que gostaria de continuar brincando, contudo, foi ajudá-la. Quando chegou, tocou a campainha da casa de Carol e, ainda estando do lado de fora, ouviu uma conversa bem alta:

— Mãe! Abra a porta para a Bibi, por favor? — Carol gritou.

— Carolina! Não grite assim comigo! — disse sua mãe.

— *Ah*, mãe, é que estou bem estressada por conta da prova de amanhã! — explicou Carol.

— Minha filha, você já estudou bastante, agora deve se acalmar! — falou, andando até a porta para receber Bibi. Enquanto isso, Carol foi à cozinha, pegou dois pacotes de bolacha e começou a comer freneticamente.

— Oi, Carol, cheguei! Vamos estudar? Trouxe minha apostila — disse Bibi.

— Sim, não podemos perder tempo! — gritou Carol.

— Está tudo bem? Nunca vi você assim tão estressada, ou comendo tantas bolachas ao mesmo tempo. Pode acabar passando mal! — afirmou Bibi.

Essa simples pergunta foi suficiente para que Carol desabasse em choro, tentando explicar para a amiga o que estava sentindo.

— Bibi, estou uma pilha de nervos. Só nesses últimos minutos eu já gritei com a minha mãe, com meu gato, meus vizinhos, e até com você! Não queria fazer isso, mas não estou conseguindo me controlar. Quando me sinto assim, começo a comer tudo o que vejo pela frente. Minha barriga já está até doendo — disse Carol em prantos.

O FRUTO ESPECIAL: DOMÍNIO PRÓPRIO

Assim que terminou de falar, ela correu para abraçar sua mãe e pedir desculpas, reconhecendo seus erros. Em seguida, abraçou também a sua amiga, que começou a tranquilizá-la com doces palavras.

— Carol, vou dizer a verdade, com todo o meu amor: você realmente precisa se controlar. Até porque uma das características do fruto do Espírito Santo é o domínio próprio, lembra? Pode ser desafiador, mas, como Ele habita em você, é possível. E conte comigo. Aliás... vamos orar?

— Sim, Bibi, por favor! — disse Carol, fechando os olhos e colocando a mão no coração.

— Espírito Santo de Deus, eu peço que tire todo o peso e a preocupação que estão atormentando a Carol. Que ela sinta a Sua paz e possa descansar no Senhor agora mesmo. Peço que a ajude a perceber que todo o seu esforço nos estudos será recompensado e que ela será fortalecida para que exerça domínio próprio. Em nome de Jesus, amém!

— Amém! — respondeu Carol com um sorriso no rosto.

As duas foram brincar e passaram todo o restante da tarde muito alegres. Carol se sentia leve e confiante, pois já tinha estudado bastante. Ela sabia que não precisava mais se preocupar e não deveria se estressar. No dia seguinte, o Senhor a ajudou a se manter calma e lembrar de tudo que aprendeu e, assim, responder todas as questões tranquilamente na hora da prova.

REFLITA

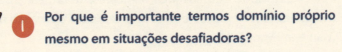

1. Por que é importante termos domínio próprio mesmo em situações desafiadoras?

2. Quando você ganha uma sobremesa, como um chocolate, por exemplo, consegue se controlar e comer somente depois das refeições, sem exagerar na quantidade?

A BÍBLIA DIZ

DEVOCIONAL

Não sobreveio a vocês nenhuma tentação que não fosse humana; mas Deus é fiel e não permitirá que vocês sejam tentados além do que podem suportar; pelo contrário, juntamente com a tentação proverá livramento, para que vocês a possam suportar. (1 Coríntios 10.13)

Todos nós passamos por momentos desafiadores, como a véspera de uma prova ou uma apresentação de trabalho, por exemplo. Situações desse tipo podem nos deixar inquietos e até irritados. E sabe qual a melhor maneira de lidar com esses sentimentos? Entendendo que o Espírito Santo nos capacita a viver em equilíbrio, a evitar atitudes exageradas e a permanecer longe do pecado (cf. 2 Timóteo 1.7). A Palavra de Deus também nos ensina que não existe tentação que não possamos suportar, então não há justificativa para agirmos de forma descontrolada.

Pode ser que nossas emoções e vontades se intensifiquem em certas ocasiões, mas, pelo poder do Espírito Santo, que gera em nós o domínio próprio, conseguimos domá-las. Jamais podemos destratar alguém, gritar com nossos familiares e amigos (ou qualquer pessoa), comer de forma compulsiva ou agir descontroladamente por estarmos preocupados, com medo, irritados ou ansiosos. Na verdade, atitudes como essas apenas prejudicam o nosso corpo e a nossa mente.

Deus, que tanto nos ama, realmente não deseja que soframos nenhum dano, e por esse motivo nos ensina, por meio da Sua Palavra, que podemos contar com o Espírito Santo em todo tempo (cf. João 14.16), ainda mais quando estamos em apuros. Ele nos fortalece e capacita a suportar a vontade de "explodir" e nos ajuda a superar toda tentação. Em certos momentos, não será fácil controlar nossas emoções, e é então que poderemos recorrer ao nosso grande Amigo: o Espírito Santo. Ele nos guiará em toda verdade (cf. João 16.13), trazendo restauração e alinhamento ao nosso corpo, alma e espírito.

PERGUNTAS

1 Qual trecho desse devocional mais chamou a sua atenção? Copie-o aqui.

....

....

....

....

....

2 Como você pode aplicar esse aprendizado no seu dia a dia?

....

....

....

....

....

3 Você já falou com Deus hoje? Após essa leitura, escreva aqui uma oração, conforme o Espírito Santo o direcionar.

....

....

....

....

....

MÃOS À OBRA

DESAFIOS

Desafio 33: OUSADIA NO ESPÍRITO!

Anote em algum papel a frase: "Eu tenho domínio próprio!", e cole na parede do seu quarto ou em outro lugar visível da sua casa. Durante a próxima semana, sempre que passar por perto desse lembrete, declare essas palavras e ore a Deus para ser capacitado com essa característica do fruto do Espírito.

Desafio 34: NEM SÓ DE PÃO VIVE O HOMEM!

Converse com os seus pais hoje e estabeleça o compromisso de não comer algum alimento que você goste muito durante uma semana toda. Nesse tempo, experimente novos pratos e tome cuidado para não acabar beliscando aquela fruta, doce ou comida predileta durante o seu propósito. Além de ser um bom exercício para o seu domínio próprio, você vai perceber o quanto certas vontades são passageiras.

Desafio 35: OBEDECENDO ORDENS E SENDO PRESTATIVO...

Quando ouvimos e cumprimos o que Deus nos manda, sendo obedientes a Ele, aprendemos a ser mais controlados. Uma maneira de fazer isso é honrando e obedecendo aos nossos pais. Então, que tal ser mais participativo nas atividades da sua casa? Se, por exemplo, sua mãe estiver preparando alguma refeição, coloque a mesa, ofereça ajuda para pegar algo e siga quaisquer outras orientações que ela der. Não espere seus pais mandarem que você arrume o seu quarto, seque a louça ou limpe o quintal. Vá e faça isso antes que lhe peçam.

Desafio 36: DESENHANDO O SEU DIA...

Uma rotina equilibrada é um sinal de domínio próprio. Para observar se você tem agido assim, pegue algumas folhas de papel e faça desenhos que representem a sua rotina de manhã, de tarde e de noite. Se precisar, peça a ajuda dos seus pais para se lembrar de tudo! Depois, reflita: quanto tempo você separa para atividades que fortalecem o seu domínio próprio? Alguns exemplos são: meditar na Palavra de Deus, ajudar seus pais com as tarefas de casa, ler livros e estudar. Por último, analise o quanto você tem se dedicado a essas atividades e pense no que pode deixar de lado para aproveitar melhor seu dia.

VAMOS RESOLVER O CAÇA-PALAVRAS?

PROCURE AS PALAVRAS:
DOMÍNIO | CARINHO | ESPERANÇA | FORÇA | PRÓPRIO

```
O A C A R I N H O O T N
V A A P E N T S C Y D O
C C A R R T A U T T R T
H O P R T I D A D F I G
U T R D O M Í N I O G P
A H Ó A Ê O O E S R R A
S A P N E V R O K Ç S F
S P R G L E Í I Z A N T
E E I P F T N R I E E H
P T O I N S I D A O H N
E S P E R A N Ç A C E T
```

QUE TAL ESCREVER SEU VERSÍCULO FAVORITO DA SEMANA?

_____
_____
_____
_____
_____
_____
_____

HORA DO EPISÓDIO

TEMPORADA 6: DOMÍNIO PRÓPRIO

DÊ VIDA AOS QUADRINHOS COM CORES LINDAS

DESENHE AQUI O QUE É DOMÍNIO PRÓPRIO PARA VOCÊ

ORAÇÃO

Nas últimas semanas, aprendemos bastante sobre o valioso fruto do Espírito, que precisa ser gerado em nossos corações. Porém, só podemos usufruir de algo bom assim quando damos espaço para que o Consolador habite em nós e transforme nossas vidas. E isso acontece apenas ao recebermos Jesus Cristo como nosso único Senhor e Salvador. Se você quer participar dessa linda aventura com Ele, coloque as mãos em seu coração e faça a seguinte oração em voz alta:

"Papai do Céu, reconheço que sou pecador e preciso do Seu perdão. Neste momento, eu confesso Jesus como o meu único Senhor e Salvador. Creio, de todo o meu coração, que o Senhor enviou o Seu Filho Amado à Terra para Se entregar por mim, levando sobre Si minhas culpas. Tenho fé de que, enquanto esteve aqui como homem, Ele viveu de forma totalmente impecável, morreu na cruz do Calvário e ressuscitou ao terceiro dia. Por isso, Senhor, hoje, eu declaro que desejo receber uma vida nova em Cristo, para que o Espírito Santo venha habitar dentro de mim, ajudando-me a obedecer a Deus e à Sua Palavra. Em nome de Jesus, amém!"

Caso você tenha feito essa oração pela primeira vez agora, seja muito bem-vindo à família de Deus! De qualquer modo, tanto quem acabou de aceitar Jesus quanto quem já havia tomado essa decisão antes deve se lembrar: todos precisamos exercitar o fruto do Espírito diariamente. Então, continue sensível à voz do Senhor, obedecendo aos Seus comandos.

Instruções para o Jogo

Na próxima página, você encontrará uma trilha que indicará seu avanço na realização deste devocional. Cole os adesivos ao longo do caminho, para marcar cada pequena etapa concluída. Antes, porém, você precisa entender o que cada um indica.

1º TROFÉU: marca o início de sua jornada neste livro.

2º TROFÉU: cole este adesivo assim que chegar à metade, ou seja, depois de completar o 18º dia de devocional.

TROFÉU FINAL: indica que sua jornada está completa! Cole-o no fim do caminho.

SELO: cole um no caminho sempre que concluir os quatro desafios de todo o bloco. Mas só vale depois de finalizar todos eles, *hein*?!

ADESIVOS DO FRUTO DO ESPÍRITO: insira cada um deles no circuito (amor, alegria, paz, paciência, benignidade, bondade, fidelidade, mansidão e domínio próprio) após terminar as quatro histórias e os quatro devocionais referentes a esses temas. Lembre-se: não pule as perguntas; responda a todas com honestidade e dedicação.

ADESIVOS EXTRAS: esses são nossos presentes para você colar onde quiser. Decore seus cadernos da escola, diário ou, até mesmo, este devocional.

APROVEITE!

CERTIFICADO DE CONCLUSÃO
DEVOCIONAL DA TURMA DA RUA G5.2: O FRUTO ESPECIAL

Certificamos que o(a) _____ concluiu os 36 dias do *Devocional da Turma da Rua G5.2: o fruto especial*.

Reconhecemos toda a sua dedicação e comprometimento ao longo dessa jornada. Cremos que, durante esses dias, ele(a) desenvolveu um relacionamento mais profundo e verdadeiro com o Espírito Santo. Desse modo, agora pode manifestar Seu fruto aqui na Terra, servindo e abençoando pessoas.

Parabenizamos também a sua família, que investiu em sua jornada espiritual, não apenas comprando este livro, como dispondo de tempo para acompanhar a sua evolução diária após cada devocional. Cremos que, durante esse período, foram lançadas sementes eternas, que frutificarão à medida que forem regadas e cuidadas.

_____
Assinatura dos pais ou responsáveis

_____
Assinatura do pastor da família

CONHEÇA O MAIS NOVO INTEGRANTE DA TURMA

COLE AQUI UMA FOTO BEM BONITA CARACTERIZADO DO SEU PERSONAGEM FAVORITO DA TURMA

COLE UMA FOTO COM SEUS MELHORES AMIGOS

ESTES SÃO MEUS MELHORES AMIGOS:

_____

_____

_____

_____

_____

Eu faço parte dessa turma

Este livro foi produzido em Soleil 11 e impresso pela
Gráfica Promove sobre papel Pólen Soft 80g para a
Editora Quatro Ventos em junho de 2022.